William Paganelli | Elias Fernando

MARKETING
DE AJUDA

Copyright© 2021 by Literare Books International
Todos os direitos desta edição são reservados à Literare Books International.

Presidente:
Mauricio Sita

Vice-presidente:
Alessandra Ksenhuck

Diretora executiva:
Julyana Rosa

Diretora de projetos:
Gleide Santos

Capa:
Elias Fernando

Edição:
Leo A. de Andrade

Diagramação e projeto gráfico:
Gabriel Uchima

Assistente de projetos:
Amanda Leite

Revisão:
Rodrigo Rainho

Relacionamento com o cliente:
Claudia Pires

Impressão:
Gráfica Paym

Dados Internacionais de Catalogação na Publicação (CIP)
(eDOC BRASIL, Belo Horizonte/MG)

P128m Paganelli, William.
　　　　Marketing de ajuda / William Paganelli, Elias Fernando. – São Paulo, SP: Literare Books International, 2021.
　　　　272 p. : 16 x 23 cm

　　　　Inclui bibliografia
　　　　ISBN 978-65-5922-196-7

　　　　1. Empreendedorismo. 2. Marketing. 3. Administração.
　　　　I.Fernando, Elias. II. Título.
　　　　　　　　　　　　　　　　　　　　　　　　　CDD 658.4

Elaborado por Maurício Amormino Júnior – CRB6/2422

Literare Books International.
Rua Antônio Augusto Covello, 472 – Vila Mariana – São Paulo, SP.
CEP 01550-060
Fone: +55 (0**11) 2659-0968
site: www.literarebooks.com.br
e-mail: literare@literarebooks.com.br

SUMÁRIO

PREFÁCIO 7

REGRAS INDISPENSÁVEIS PARA A LEITURA DESTE LIVRO 9

O CONCEITO DO MARKETING DE AJUDA.. 15

AJUDAR ESTÁ NA ESSÊNCIA HUMANA 21

A ORIGEM DO MARKETING DE AJUDA 25

A BASE DO MARKETING DE AJUDA 31

A ESTRATÉGIA DO MARKETING DE AJUDA.. 37

ENCAIXANDO A ESTRATÉGIA NA VIDA REAL.. 47

A ESTRATÉGIA É O SEU MAPA.. 51

00 - O PONTO ZERO 61

AS SETE CARACTERÍSTICAS DE UM NEGÓCIO PERFEITO........................ 73

ETAPA 01:
PROBLEMAS E DESEJOS OCULTOS 81

ETAPA 02:
PÚBLICOS DE INTERESSE.. 93

ETAPA 03:
SOLUÇÃO ÚNICA... 101

ETAPA 04:
GERAÇÃO DE DEMANDA... 113

ETAPA 05:
OFERTA QUE CONECTA.. 133

ETAPA 06:
PROCESSO DE MULTIPLICAÇÃO..**151**

ETAPA 07:
REPRESA E NUTRIÇÃO..**169**

OS NÚMEROS MÁGICOS 90/10..**179**

AJUDA É A ESSÊNCIA DO MARKETING..**181**

21 PRINCÍPIOS DA AJUDA (POR WILLIAM PAGANELLI)..................**187**

PRINCÍPIO DA AJUDA Nº 01:
INVISTA SEMPRE NAS PESSOAS!..**189**

PRINCÍPIO DA AJUDA Nº 02:
PROATIVIDADE COM ATITUDE..**193**

PRINCÍPIO DA AJUDA Nº 03:
UNIÃO DE PROPÓSITOS É SINÔNIMO DE SUCESSO..................**196**

PRINCÍPIO DA AJUDA Nº 04:
PREPARE O SEU PÚBLICO PARA A COMPRA..................................**198**

PRINCÍPIO DA AJUDA Nº 05:
AJUDAR GERA RECIPROCIDADE..**201**

PRINCÍPIO DA AJUDA Nº 06:
CRESÇA SOMANDO ESFORÇOS..**204**

PRINCÍPIO DE AJUDA Nº 07:
INFLUENCIE POSITIVAMENTE AS PESSOAS..................................**207**

PRINCÍPIO DA AJUDA Nº 08:
AJUDE O SEU CLIENTE A TOMAR AS MELHORES DECISÕES..........**211**

PRINCÍPIO DA AJUDA Nº 09:
DEFINA O SEU PROPÓSITO..**214**

PRINCÍPIO DA AJUDA Nº 10:
SENTIDO DE PERTENCIMENTO..**218**

PRINCÍPIO DA AJUDA Nº 11:
DÊ INFORMAÇÕES E AUTONOMIA
PARA A SUA EQUIPE EVOLUIR!..**221**

PRINCÍPIO DA AJUDA Nº 12:
AJUDAR O PRÓXIMO FAZ BEM 224

PRINCÍPIO DA AJUDA Nº 13:
O PODER DE UMA HISTÓRIA 226

PRINCÍPIO DA AJUDA Nº 14:
PRATIQUE A AJUDA ESPONTÂNEA 229

PRINCÍPIO DA AJUDA Nº 15:
DESENVOLVA A ARTE DE SABER OUVIR 232

PRINCÍPIO DA AJUDA Nº 16:
ENCANTAMENTO 234

PRINCÍPIO DA AJUDA Nº 17:
AJUDA SAGRADA 238

PRINCÍPIO DA AJUDA Nº 18:
AJUDA SOCIAL 242

PRINCÍPIO DA AJUDA Nº 19:
AJUDA DIGITAL 245

PRINCÍPIO DA AJUDA Nº 20:
SINERGIA EMPRESARIAL 247

PRINCÍPIO DA AJUDA Nº 21:
AJUDA PESSOAL 251

CONCLUSÃO FUNCIONAL 255

A PARÁBOLA DA CAVERNA 259

LINKS ÚTEIS 263

BIBLIOGRAFIA 265

PARTICIPAÇÕES ESPECIAIS
E COMENTÁRIOS DE PERSONALIDADES
DO CENÁRIO NACIONAL E INTERNACIONAL 267

PREFÁCIO

Como os próprios autores afirmam, este não é um simples livro. É um verdadeiro manual de sucesso, de fácil leitura e sempre direto ao ponto, os autores apresentam uma estratégia de *marketing* baseada em sete gatilhos naturais do comportamento humano. Esse processo foi desenvolvido e validado através dos mais de 40 anos de experiência em vendas e gestão.

Muito interessante, o conceito de *Marketing* de Ajuda tem como fundamento o fato de que ajudar as pessoas é a função de todos os negócios que existem, e os autores afirmam com toda a força que "ajudar faz parte inclusive do DNA humano".

O conceito de *Marketing* de Ajuda: "Sabendo que o segredo estava em criar um padrão de *marketing* usando a ajuda como base, o William começou a buscar uma forma de padronizar uma estratégia de vendas que funcionasse para todos os tipos de negócios e pessoas. A ideia era que um jovem, uma dona de casa, um aposentado ou qualquer pessoa inexperiente e que nunca fez um único negócio na vida tivesse um mapa padrão para seguir. Assim como um empreendedor com maior experiência pudesse usar esse 'mapa' para melhorar ainda mais o seu negócio". Foi assim que nasceu a estratégia padrão do *Marketing* de Ajuda.

O leitor que entender e colocar em prática os sete gatilhos a partir do ponto zero, com certeza terá muito sucesso, não só em seus negócios,

MARKETING DE AJUDA

mas também na vida, pois os gatilhos são os fundamentos para o sucesso pessoal e o profissional.

Recomendo a atenta leitura e o estudo deste manual. Vale muito!

Luiz Marins
Primavera, 2021.

REGRAS INDISPENSÁVEIS PARA A LEITURA DESTE LIVRO

Este não será apenas mais um livro na sua vida, passará a ser o seu guia definitivo para escalar os seus lucros.

Ele é diferenciado de tudo que você já viu, estudou ou leu, pois seu conteúdo e aplicabilidade não têm prazo de validade.

Sua metodologia poderá ser usada hoje e daqui a 100 anos com eficiência e eficácia nos resultados.

Então vamos às regras:

Regra Nº 01 - Leia com os olhos de um bebê!

Exatamente isso: leia com os olhos de um bebê, sem julgamentos, sem achar que já sabe, sem pressupor que já viu, pois sua mente funciona igual a um paraquedas, somente se estiver aberta.

Regra Nº 02 - Faça parte da Comunidade M.D.A.!

Pare por um instante a leitura e peça agora o seu acesso à Comunidade do *Marketing* de Ajuda (M.D.A.) no Facebook.

Entre no *link* abaixo e solicite para fazer parte do grupo:

marketingdeajuda.com/comunidade

Nessa comunidade, você terá orientação gratuita com os autores do livro e outros especialistas, para que possa implantar na sua vida pessoal e profissional os conceitos do *Marketing* de Ajuda e obter os resultados de forma imediata. Além de aprender o tempo todo com as experiências, vivências, *cases* de sucesso e depoimentos dos integrantes do grupo.

Regra Nº 03 - Responda as perguntas com foco!

Durante a leitura, você será direcionado a criar seu próprio plano de negócios com perguntas que precisam ser respondidas.

Estamos deixando apenas duas linhas para a resposta de cada pergunta, por isso, a sugestão é que leia com um caderno ao lado, onde possa ir escrevendo sem limitações de espaço.

Posso garantir que poderá ser a grande virada da sua vida, pois, enquanto escrevemos, vamos tangibilizando nossos sonhos e projetos.

Regra Nº 04 - Anote os seus melhores insights!

Além de responder às perguntas citadas na regra 03, recomendamos que, enquanto for lendo, circule o trecho importante no livro e também anote os seus principais *insights*.

Esta é uma regra fundamental.

Quando não fazemos essas anotações, muitas vezes podemos esquecer os pontos importantes que estamos lendo.

Nessa anotação, escreva o número da página e o tema que lhe chamou mais a atenção. Por exemplo: "pág. 25 – entendi aqui que preciso fazer xyz por causa de abc..." e assim sucessivamente.

Fazendo isso, você vai perceber que, ao chegar no final do livro, terá aprendido muito mais. Além disso, terá um resumo que vai facilitar na hora de colocar em prática.

Estaremos juntos em cada página, em cada parágrafo e, principalmente, em cada *insight*!

Desejamos uma excelente leitura!

William Paganelli e Elias Fernando

Dica importante: no final do livro, você tem os *links* para obter os bônus digitais e também o acesso especial ao curso *on-line* do *Marketing* de Ajuda.

O CONCEITO DO MARKETING DE AJUDA

O CONCEITO DO MARKETING DE AJUDA

Você sabe qual é a função principal de qualquer negócio existente no mundo?
Resposta: ajudar as pessoas a resolverem os seus problemas e a realizarem os seus desejos!
Tudo se resume a "ajuda", seja para uma multinacional como a Apple ou para uma pequena empresa aí do seu bairro. Nesse processo, quanto mais pessoas você ajuda, mais dinheiro você produz e ganha. Essa é uma regra padrão e imutável para o crescimento de qualquer negócio.
Como disse o mestre Zig Ziglar:

"O SEU SUCESSO É PROPORCIONAL AO NÚMERO DE PESSOAS QUE VOCÊ AJUDA!"

Como empreendedores, nossa missão é encontrar problemas e criar soluções para melhorar a vida das pessoas, seja com serviços, produtos físicos ou digitais. Sempre foi e sempre será assim.
Existe outro ponto em comum que não muda de um negócio para outro, não importa se é a Toyota com seus milhares de funcionários e seu faturamento bilionário, ou se é o Sr. João começando a vender seus tomates na feira, ou, ainda, a Mariana que tem apenas 17 anos e está começando a ganhar dinheiro na Internet como afiliada de produtos digitais.

MARKETING DE AJUDA

Esse ponto em comum são as pessoas. Não importa com o que você trabalha, negócios são feitos de pessoas para pessoas, independentemente do nicho de mercado, da época, da região ou de qualquer outro fator. São sempre pessoas criando soluções para ajudar outras pessoas.

Continuando nessa lógica, podemos dizer que os negócios podem mudar. Alguns evoluem, outros deixam de existir, as ferramentas de venda também estão em constante mudança, a exemplo da Internet que hoje impacta todos os negócios. No entanto, mesmo com toda essa evolução e dinamismo, a essência ainda continua: pessoas ajudando pessoas!

> **"PORTANTO MARKETING DE AJUDA É UMA ESTRATÉGIA BASEADA EM PADRÕES DO COMPORTAMENTO HUMANO PARA CONSTRUÇÃO DE NEGÓCIOS MILIONÁRIOS!"**

Essa estratégia de *marketing* se baseia em sete gatilhos naturais do comportamento humano, os quais veremos adiante. Ela foi desenvolvida e validada há mais de 40 anos e só agora está disponível através deste livro e de um curso na Internet.

Repare que até aqui já citamos várias vezes a palavra "padrão". Não foi por acaso, criar "padrões" está na base das empresas que mais tiveram sucesso até hoje.

A importância dos padrões

Se você ganhasse 10 mil reais por dia a partir de hoje, levaria cerca de 4.500 anos para ganhar o equivalente a apenas 1% da fortuna atual do Elon Musk.

Apenas para efeito de comparação, essa é a idade aproximada das pirâmides do Egito.

No momento em que escrevemos este livro, o Elon Musk é o homem mais rico do mundo, com um patrimônio avaliado em 306 bilhões de dólares.

Sabe o que é ainda mais impressionante?

Se voltarmos no tempo, lá em meados de 1860, Jonh Rockfeller era tão rico que, se fizermos uma comparação, sua fortuna era cerca de 2 vezes maior que a do Elon Musk.

John Rockfeller ainda é considerado o maior empresário da era moderna. Sua empresa era tão grande que cerca de 80% do petróleo do planeta passava por ela.

O que John Rockfeller tem a ver com a nossa história?

Ele afirmava que criar PADRÕES é o segredo dos negócios de sucesso!

Tanto é que a sua empresa se chamava Standard Oil (Óleo Padrão, em inglês).

Tudo que ele fazia era baseado em "padrões". Ele sempre defendeu que a empresa deve ter processos padrões em tudo, incluindo a produção do produto, a prestação do serviço, inclusive no *marketing*.

Quando você tem um padrão para seguir, não importa a área que você vai atuar, você vai saber criar caminhos para produzir cada vez mais dinheiro.

É por isso que John Rockfeller tinha sucesso em praticamente todas as empresas que colocava as mãos. Não era sorte, é uma estratégia padrão! Esse é o segredo!

Quase dois séculos se passaram desde que Rockfeller criou suas empresas, porém a criação de padrões continua sendo responsável pelo sucesso de grandes negócios por todo o mundo.

Quer um exemplo atual e bem conhecido?

MC Donalds, restaurante de *fast food* mais famoso do mundo, tem sua base de sucesso no seu padrão. Não importa se você pede um lanche no Brasil ou em qualquer outro lugar do mundo, o padrão de produção é o mesmo, o *marketing* é o mesmo, a estratégia de venda é a mesma, alguns ingredientes podem até mudar por conta da cultura do local, mas é impossível não reconhecer o padrão em praticamente tudo o que é feito.

O padrão está em tudo, até na conhecida frase: "Você quer adicionar o refrigerante por apenas R$ 1,00?".

A estratégia padrão traz clareza e acelera o crescimento de qualquer negócio, não importa o nicho de mercado, o local, o tamanho da empresa ou a experiência do seu proprietário, inclusive não importa se o negócio é físico ou digital.

Esse é um princípio imutável. Era assim em 1860 com John Rockefeller, é assim com os negócios que dão certo hoje, será assim daqui mil anos.

Portanto a base do *Marketing* de Ajuda é a de ser **uma estratégia padrão baseada em pessoas.** Você vai aprender a criar esse padrão para transformar ideias em negócios milionários.

Quando não há uma estratégia padrão para desenvolver o negócio, o dono fica perdido, os colaboradores ficam perdidos, até os clientes não entendem direito o que está acontecendo e, com isso, trocam a empresa por 10 centavos de desconto no concorrente mais próximo.

A estratégia padrão bem-feita resolve absolutamente tudo, aumenta o faturamento, resolve problemas internos e externos, além de trazer clareza para todos os envolvidos.

Agora que você já entendeu a importância de ter uma estratégia padrão para seguir e sabe que o fundamento do *Marketing* de Ajuda é o fato de que AJUDAR as pessoas é a função de todos os negócios que existem, vamos um pouco mais a fundo: AJUDAR faz parte inclusive do DNA humano, afinal, cientificamente falando, nós evoluímos para ajudar a preservar a nossa espécie. Falaremos mais sobre isso adiante.

Imagine uma pessoa que deseja ganhar mais dinheiro e ainda não faz ideia de como começar.

Qual seria o primeiro passo para ela?

"Arrumar emprego" não vale, pois emprego depende de outras pessoas, depende de uma vaga na empresa, enfim, vamos falar de algo palpável e prático que pode ser feito imediatamente, dependendo unicamente de você.

Se você quer produzir dinheiro, a primeira coisa que deve pensar é:

Qual problema você vai resolver?

Depois, quem são as pessoas que têm esse problema?

Em seguida, como vai ser essa solução?

Por fim, e o mais importante de tudo: como levar essa solução para o máximo de pessoas possível?

É assim que o mundo funciona desde sempre. Uma pessoa tem um problema, outra tem a solução, elas negociam e se ajudam entre si, geralmente usando dinheiro.

Portanto, já sabemos que para ter um negócio lucrativo e sustentável, precisamos usar uma estratégia padrão. Além disso, esse negócio deve focar na base de tudo: ajudar um grupo de pessoas.

Agora, vamos falar de quem permite que você leve a sua solução para ajudar a melhorar o mundo:

O MARKETING!

É com ele que você consegue chegar no seu público, sempre foi e sempre será assim. Portanto, o que nós fizemos, foi criar um "mapa padrão" que pode ser usado por qualquer pessoa para construir qualquer tipo de negócio, seja físico ou digital.

Demos o nome de *Marketing* de Ajuda (M.D.A.), afinal, unimos a base de tudo:

- **Marketing:** é o processo que permite a qualquer negócio se comunicar e ajudar o máximo de pessoas possíveis.

- **Ajuda:** é o motivo principal que faz uma pessoa buscar e pagar por uma solução que foi criada por outra pessoa.

- **Padrão:** é o processo que foi validado e funciona sempre, independentemente de fatores como época, nicho, região etc.

Temos aqui o plano raiz do *Marketing* de Ajuda. Agora, você já sabe por que demos esse nome e já tem maior clareza sobre as três peças fundamentais dos negócios que dão certo.

AJUDAR ESTÁ NA ESSÊNCIA HUMANA

Em junho de 2021, um vídeo de pouco mais de um minuto tomou conta da Internet, teve milhões de visualizações em poucos dias. Nele, aparece uma cena emocionante:

O vídeo mostra um menino que está parado dentro de um carro esperando o semáforo abrir. Então outro menino se aproxima para limpar a janela. Quando vê a cena, a criança que está dentro do carro resolve presentear a outra com o seu brinquedo.

Em poucos segundos, eles começam uma rápida conversa, nascia ali uma amizade instantânea, com a verdade e a sinceridade que é natural das crianças. O menino demonstra claramente que ficou muito feliz com o presente, se afasta por alguns segundos e volta com um pacote de salgadinho para retribuir o presente do seu novo amigo. Eles abrem o pacote e comem juntos enquanto conversam.

A cena leva apenas alguns segundos, mas tocou os corações de milhões de pessoas pelo mundo. Segundo informações, o vídeo foi gravado no México.

Para ver o vídeo no YouTube, pesquise por "Crianças fazem amizade no semáforo".

Essa história é um exemplo perfeito do que é a essência humana. Nós evoluímos para ajudar o próximo, é assim desde a época do homem das cavernas.

É por isso que conteúdos que mostram pessoas fazendo o bem, para outras pessoas ou para animais, geralmente têm grande repercussão, há muitos outros exemplos na Internet.

MARKETING **DE AJUDA**

Inclusive, isso não é apenas comportamental, é também biológico no ser humano. Nós carregamos nos nossos genes e neurônios informações que nos fazem sentir prazer em ajudar o próximo. É cientificamente comprovado que quem ajuda o próximo se sente mais feliz, tem menos probabilidades de desenvolver doenças como depressão e outros males da mente.

Inclusive estudos da Universidade de Michigan, nos EUA, mostram que pessoas que têm o hábito de ajudar as outras têm menos chances de desenvolver outros problemas, têm até mais tempo de vida. Sim, quem ajuda tende a viver mais. Isso nos faz lembrar de uma das figuras mais famosas do mundo, quando o assunto é ajudar o próximo: Madre Tereza de Calcutá.

Outro estudo da Universidade de Michigan mostrou que o ato de doar pode ativar regiões no cérebro associadas ao prazer, à conexão com outras pessoas e à confiança. Este é o motivo pelo qual você fica entusiasmado quando está prestes a dar um presente para outra pessoa ou porque você se sente feliz quando tem uma experiência de voluntariado.

Há evidências de que, durante os comportamentos de dar presentes, os humanos secretam substâncias químicas que fazem bem para o nosso cérebro, como a serotonina (responsável pelo bom humor), a dopamina (nos faz sentir bem) e a oxitocina (sentimento de compaixão e ligação).

Segundo o Dr. Daniel Benitti, cientistas descobriram que quando você olha para as ressonâncias magnéticas de indivíduos que ajudaram outras pessoas, isso estimula a via mesolímbica, que é o centro de recompensa no cérebro, liberando endorfinas e criando o que é conhecido como "vício do ajudante".

São muitas histórias, fatos e estudos que confirmam que o ato de ajudar está na base da natureza humana.

Para ter uma experiência real e sentir isso na sua pele, faça o teste. Separe um valor conforme o seu orçamento, procure uma criança, idoso ou qualquer outra pessoa que esteja em situação de pobreza e a ajude. Pode ser dando o dinheiro direto ou quem sabe comprando algo que essa pessoa precisa, como uma comida, uma roupa, um brinquedo. Faça isso e observe as sensações boas que você vai ter logo em seguida.

Você ficará mais feliz e a pessoa que você ajudou também. Com certeza vocês dois nunca irão esquecer esse fato, afinal, como disse Carl W. Buehner:

> **"AS PESSOAS PODEM ATÉ ESQUECER O QUE VOCÊ FALOU, MAS ELAS NUNCA IRÃO ESQUECER O QUE VOCÊ AS FEZ SENTIR."**

É por isso que essa é a essência do *Marketing* de Ajuda. Você vai perceber que, ao focar nessa essência, vai conseguir êxito em absolutamente qualquer negócio ou projeto que venha executar daqui em diante.

É claro que, ao criar um negócio ou buscar um emprego, você não pensa: "meu sonho é ajudar o mundo". Você pensa apenas "eu quero e preciso de dinheiro".

Isso é absolutamente normal, afinal, a primeira pessoa que queremos ajudar é a nós mesmos. Portanto não sejamos teóricos em querer afirmar algo diferente, é claro que todos temos uma veia altruísta dentro de nós, mas em qualquer ação para ganhar dinheiro, primeiro pensamos nos bens que vamos comprar, nas comidas que vamos comer, na tranquilidade que teremos no futuro, no carrão, na casa dos sonhos, na viagem etc.

A maioria das pessoas é assim, não tem nada de errado com isso. Afinal, como seres humanos, a função nº 1 do nosso cérebro é nos manter seguros, saudáveis e vivos, para isso, precisamos de dinheiro.

Reparou no que falamos nos últimos parágrafos?

Falamos que você precisa de dinheiro para realizar seus desejos, ter saúde, segurança etc.

O que você precisa para realizar tudo isso?

Exatamente, da AJUDA de outras pessoas e de negócios. Você precisa do produtor de alimentos, do fabricante que processa, da loja que vende, do entregador que leva até você, e assim sucessivamente.

Portanto a AJUDA sempre está na base de tudo.

PRIMEIRO VOCÊ AJUDA A RESOLVER UM PROBLEMA, DEPOIS VOCÊ GANHA DINHEIRO.

Ficamos tão obcecados por lucrar cada vez mais que esquecemos essa função básica pela qual fazemos o que fazemos. Ao mudar sua visão e olhar para a base de tudo, você vai conseguir encontrar os segredos para conquistar seus objetivos, não apenas os externos (dinheiro, casa, carro), mas também os internos (satisfação, paz, felicidade).

O *Marketing* de Ajuda é o código que vai permitir que isso aconteça de forma mais simples e fácil, pois ele é uma estratégia padrão que vai ajudar você a desenvolver negócios lucrativos e que fazem o bem para o mundo que vivemos.

A essência do *Marketing* de Ajuda são as pessoas, por isso ele é baseado em sete gatilhos naturais da mente humana. Sendo assim, enquanto os negócios forem feitos entre pessoas, essa estratégia sempre vai funcionar, independentemente da época ou do nicho de mercado, se é *on-line* ou físico, se é produto ou serviço, se é com fins lucrativos ou não. Se é um negócio, vai funcionar e ponto.

A ORIGEM DO MARKETING DE AJUDA

Sabendo que o segredo estava em criar um "padrão" de *marketing* usando "ajuda" como base, o William começou a buscar uma forma de padronizar uma estratégia de vendas que funcionasse para todos os tipos de negócios e pessoas.

A ideia era que um jovem, uma dona de casa, um aposentado ou qualquer pessoa inexperiente e que nunca fez um único negócio na vida tivesse um mapa padrão para seguir.

Assim como um empreendedor com maior experiência pudesse usar esse mapa para melhorar ainda mais o seu negócio. Foi aí que ele começou a trabalhar no M.D.A..

A estratégia começou a ser formatada há mais de 40 anos quando começou a sua empresa e também a prestar consultorias para outros negócios, o que falaremos mais adiante.

A estratégia foi aperfeiçoada ainda mais quando o William foi professor de *Marketing* e Comunicação no 4º ano de Administração de Empresas de uma faculdade. Isso foi no ano de 1998.

Diferentemente de teorias de escola, enquanto ensinava a estratégia aos alunos, também aplicava nos seus negócios e nos clientes de consultoria.

Dessa forma, o processo foi sendo adaptado de forma prática no mundo real, funcionando para absolutamente todos os tipos de empresas, desde profissionais liberais até grandes multinacionais.

Como isso aconteceu há muitos anos, os negócios e o comportamento de consumo das pessoas eram diferentes. As mídias para divulgação também. Portanto vamos trazer o processo para o mundo em que vivemos agora, onde tudo mudou, principalmente pelo impacto da Internet no mundo dos negócios.

Apenas para lembrar:

TUDO MUDA, AS MÍDIAS, AS FERRAMENTAS, A TECNOLOGIA, PORÉM OS NEGÓCIOS CONTINUAM SENDO FEITOS DE PESSOA PARA PESSOA.

Desde as primeiras versões, foram cerca de 40 anos evoluindo o processo. Cada etapa foi minuciosamente pensada e validada. À medida que aplicava, percebia os desafios e ia fazendo as correções e melhorias.

Inclusive houve a participação de outros empresários experientes de diversos nichos de mercado.

Até que, em meados de 2015, a Internet estava explodindo e atingindo em cheio negócios pelo mundo todo. Algo precisava ser feito e William precisava adaptar aquela estratégia para esse novo mundo que é tipo um *tsunami*: não tem como segurar.

Foi aí que conheceu o Elias, seu atual sócio e coautor neste livro, o qual ajudou a adaptar a estratégia do mundo físico para o mundo digital.

O Elias é especialista no mercado *on-line* e já teve negócios em diversas áreas através da Internet, inclusive, tudo começou com um antigo provedor de Internet discada de 33 kbps lá no início do ano 2000.

Basicamente, o que diferencia um negócio físico de um digital são as ferramentas utilizadas, os funis de venda, os processos, mas, no final das contas, ainda assim, são pessoas com um problema, procurando pessoas com uma solução, ou seja, a base de tudo continua exatamente a mesma.

Foi através desse trabalho em conjunto que nasceu este livro e o treinamento *on-line* do **marketingdeajuda.com**.

O William já ensinava essa estratégia em treinamentos presenciais e estava buscando formas de levá-la para a Internet. Foi aí que, enquanto participava de um treinamento de *marketing* para empresários, uma dúvida interessante surgiu no meio das conversas:

"William, eu tenho um *e-commerce* e minha equipe está cansada de não ter um processo de vendas que funcione o ano inteiro. A cada semana tentamos 'reinventar a roda' para vender mais, porém os resultados não aparecem. Existe como criar um padrão para vender todos os dias?"

Esse é um problema grave que muitas pessoas enfrentam, desde um jovem que está começando a empreender agora até uma grande empresa que foi atingida por algum fator externo como um avanço de tecnologia ou um novo concorrente.

Como é o caso da Internet que, como já falamos, atingiu absolutamente todos os mercados, quem não tinha um processo de vendas que se adaptasse ao novo modelo, acabou ficando pelo caminho. Por outro lado, para muitas outras empresas, acabou sendo a melhor coisa do mundo.

Qual a diferença entre os negócios que sofreram e os que se deram bem com as mudanças? **A estratégia de vendas.**

Hoje, vemos jovens de 17 anos faturando na Internet o que seus pais nunca ganharam em uma vida inteira, ou seja, empreender e ganhar dinheiro está muito mais democrático do que em qualquer outra época, porém, é preciso se adaptar.

É por isso que é tão importante ter um processo 100% validado de vendas do seu negócio, um processo que funcione independentemente da época, da ferramenta ou do nicho de mercado.

MARKETING DE AJUDA

O *Marketing* de Ajuda é exatamente isso, é uma estratégia padrão que é baseada nas pessoas e, por isso, funciona há 40 anos e vai continuar funcionando para sempre.

Concluindo a história: nesse dia, após a pergunta, o William resumiu a estratégia do *Marketing* de Ajuda em alguns minutos e deu sugestões de como ela poderia ser adaptada para que o *e-commerce* aumentasse as vendas.

Dessa forma, mostrou que sim, existe uma solução para que qualquer negócio possa vender todos os dias em qualquer época, tanto na Internet quanto fora dela, afinal, estamos sempre falando de pessoas.

A estratégia chamou tanto a atenção que, alguns meses depois desse evento, o William foi contratado para treinar a equipe da maior rede de cooperativas de crédito do Brasil, a Sicoob Credicitrus.

Só para você ter uma ideia, são pouquíssimos treinadores que passam pelas exigências dessas grandes empresas, principalmente porque elas investem muito pesado nesse tipo de parceria, portanto, **em primeiro lugar, é preciso ter provas de que o processo funciona.**

É por isso que sempre afirmamos: o conhecimento que você terá aqui poderia valer literalmente milhares de reais.

O *Marketing* de Ajuda já era ensinado há muitos anos por meio de treinamentos fechados e de forma presencial, porém este livro e o curso *on-line* só foram lançados ao público em 2021. Demoraram um pouco para sair, mas valerão por cada segundo, afinal, esse conhecimento é tão importante que mais pessoas e empresas mereciam ter acesso a ele.

É sempre a mesma estratégia ajustada para a realidade de cada negócio, um processo único, simples e 100% validado e que traz resultados surpreendentes e rápidos para quem aplica.

AQUI ESTÃO ALGUMAS EMPRESAS QUE O WILLIAM JÁ ATENDEU:

A BASE DO MARKETING DE AJUDA

Daqui a 100 anos, muita coisa poderá ter mudado, as redes sociais, os celulares e computadores poderão ser muito diferentes dos que existem hoje.

Isso já vem acontecendo desde a grande explosão da Internet e da informática no começo dos anos 2000. Os negócios viraram de ponta cabeça, foi uma era de grandes transformações nas empresas e na vida das pessoas.

Muitos recursos novos surgiram e muitos outros desapareceram. Por mais sucesso que tenham feito, ficaram obsoletos e foram esquecidos no tempo.

Facebook, Instagram, YouTube, Google, tudo isso mudou o mundo, mas talvez, em alguns anos, já nem existam mais, assim como aconteceu com o CDs, DVDs, Orkut e tantas outras ferramentas físicas e digitais.

Mas uma coisa não mudou nada:

AINDA EXISTEM PESSOAS COM PROBLEMAS DE UM LADO E PESSOAS CRIANDO SOLUÇÕES DE OUTRO. SEMPRE FOI ASSIM E SEMPRE SERÁ.

Entre essas duas pessoas, existe o *marketing* que faz a conexão entre problema e solução.

Portanto entender essas essências é questão de pura sobrevivência!

MARKETING **DE AJUDA**

Quem aprende esses processos, nunca mais passa aperto e sempre vai se adaptar ao ambiente, seja ele qual for, pois não dependerá mais de ferramentas ou recursos que podem desaparecer de um dia para outro.

Por exemplo, hoje, as pessoas divulgam seus negócios usando redes sociais, Google, TV, rádio, jornais, *outdoors*. Repare que muitos desses veículos já estão mudando muito. Por exemplo, você ouve rádio todos os dias? Assiste às propagandas da TV todos os dias? Provavelmente respondeu que não.

Outro grande problema nas mídias *off-line* como TV, rádio e impressa, é que são caras e não há como mensurar o resultado exato. Você não faz ideia se está valendo a pena ou não continuar investindo, tem apenas uma vaga suposição.

As mídias *on-line* têm a vantagem de te dar uma noção exata do resultado que está sendo gerado, inclusive, você consegue saber exatamente quantas pessoas estão acessando sua página, clicando no seu *link*. Porém, muitas vezes, são ferramentas complexas, você tem que fazer vários cursos para aprender a anunciar corretamente em redes sociais e no Google, caso contrário, seu dinheiro vira pó em pouco tempo.

Ainda assim, ao menos no momento que escrevemos este livro, investir em mídias *on-line* tem sido mais vantajoso e mais barato do que mídias convencionais para a grande maioria das empresas.

Em 2019, participamos de um evento de uma grande rede de escolas de inglês. Nela, o CEO comentou o seguinte:

"Em 2012, investimos 18 milhões de reais em anúncios de TV. Em 2018, investimos zero reais. Por que fizemos isso? Porque os números nos mostraram que o resultado da TV já não valia mais a pena investir tanto, tivemos o mesmo resultado investindo apenas 10% disso na Internet."

Esse é outro ponto fundamental para você avaliar: onde investir seu tempo, energia e o seu dinheiro?

Com o padrão do M.D.A., você vai ter um mapa que vai facilitar sua vida na hora de tomar essas decisões.

Os desafios sobre mídia e mudanças do mercado estão fora do controle de qualquer pessoa, você não tem como saber, nem como impedir que o Google ou Facebook mudem as regras ou alterem a plataforma de anúncios. Você também não tem como garantir que um anúncio de rádio ou um *folder* chegue nas pessoas certas, portanto, você precisa se adaptar.

E quando você tem uma estratégia padrão bem definida, nada disso o abala.

É por isso que muitas empresas passam pelas grandes mudanças e você acha que nada aconteceu, parece que elas nem sentiram. É porque elas têm uma estratégia padrão que funciona, independentemente de fatores externos.

Quem tem uma boa estratégia consegue se comunicar melhor, consegue fazer com que as pessoas ajam em uma determinada direção, como a compra de seus produtos e serviços e, como consequência disso, sempre ganham mais dinheiro.

O que move as pessoas são certos gatilhos, não apenas os "gatilhos mentais" tão falados hoje em dia. Eu falo de "gatilhos naturais", instintos que fazem as pessoas tomarem certas decisões.

Por exemplo, as pessoas sempre querem melhorar de vida, isso é um gatilho natural. As pessoas também querem se sentir seguras, querem ser compreendidas, querem sentir que participam de um grupo ou uma comunidade, são comportamentos quase que automáticos em todos nós. Ao "conversar" com esses gatilhos naturais, as pessoas tomam ações. No nosso caso, o foco é fazer com que elas comprem alguma coisa para resolver algum problema.

MARKETING **DE AJUDA**

Ao entender esses gatilhos com profundidade, você vai ganhar mais dinheiro e conquistar mais sucesso, não importando a área em que você queira atuar.

Para facilitar, organizamos esses gatilhos em sete etapas por meio de um mapa. Ao seguir essas etapas, você vai conseguir converter qualquer atividade em resultado no seu bolso.

O *Marketing* de Ajuda é diferente, é uma estratégia que vai além do óbvio, além do que as pessoas estão acostumadas a fazer. É justamente por isso que é tão eficiente.

Antes de continuarmos, já adianto que, para aplicar o *Marketing* de Ajuda você não precisa ter dinheiro para investir. Não importa se você já tem um negócio ativo ou se ainda não faz nem ideia de por onde começar.

Além disso, você não precisa ter fama na Internet!

Veja o exemplo do William: ele veio do mundo presencial, através de treinamentos presenciais e palestras. Já foram mais de 7.000 palestras e mais de 500.000 pessoas impactadas, porém, não tem qualquer fama na Internet e nunca investiu tempo nisso, a não ser um simples perfil de Facebook onde posta algumas coisas de vez em quando.

Você vai ver que, caso não queira, não há necessidade de ficar gravando vídeos, criando conteúdos ou estudando milhares de ferramentas e processos complexos. Claro, a não ser que você goste e considere isso importante para o seu projeto, aí sim isso fará todo o sentido.

O mais importante de tudo é você entender de pessoas, como as pessoas funcionam, porque elas tomam determinadas atitudes. É nisso que vamos focar no Marketing de Ajuda. Usaremos algumas ferramentas simples apenas para executar partes da estratégia.

Você também verá que muitas das teorias que você possa ter aprendido, na escola ou em outros cursos, não terão qualquer utilidade aqui.

O *Marketing* de Ajuda vai do começo ao fim, portanto, arrisco a dizer que este pode ser o último curso de *marketing* que você vai precisar na vida!

Ele funciona para:

- Quem tem ou pretende ter um negócio próprio;
- Quem está sem emprego no momento;
- Quem está buscando uma nova fonte de renda.

Seja no mundo físico ou no digital!

Nos próximos minutos, a sua mente vai explodir com tantas ideias.

Você verá que, por meio do Marketing de Ajuda, você vai ajudar a melhorar a vida das pessoas de verdade e será muito bem pago por isso.

A ESTRATÉGIA DO MARKETING DE AJUDA

Este é o infográfico do *Marketing* de Ajuda (M.D.A.). Ele concentra a base de toda a estratégia, é por meio dele que vamos seguir nos próximos capítulos onde você vai entender como aplicar tudo isso na prática.

Vamos mostrar diversos exemplos práticos para que você consiga, ao final do livro, aplicar todo o conhecimento e colher resultados imediatamente.

Limpe sua mente de ruídos, esqueça as tentativas que você já executou e que talvez não tenham dado certo, esqueça as estratégias que não funcionaram para você, tenha uma visão de criança a partir de agora, sem prejulgamentos. Absorva o conhecimento e aplique sem medo. Pode ter certeza, vai funcionar e vai trazer resultados incríveis para a sua vida!

Agora, olhe para o infográfico e repare que nas bordas temos o "ponto zero", é por ele que devemos começar para entender o processo inteiro. Você já vai conhecê-lo adiante.

Depois, temos duas partes, a superior que vai do quadro 1 ao 3, essas etapas representam a fase onde vamos planejar e pensar antes de agir.

Esta fase reduz e evita ações erradas. Não adianta nada ser uma pessoa de ação se a sua ação não leva a lugar algum. Há um monte de pessoas se autoenganando com a frase "estou sem tempo, trabalho muito, trabalho duro todos os dias", porém não estão indo para lugar nenhum, é pura perda de energia e tempo.

Esqueça essa crença inocente que aprendemos quando éramos crianças de que "Você precisa trabalhar duro para ganhar dinheiro", isso é uma velha historinha dos tempos da revolução industrial onde os funcionários das fábricas tinham que trabalhar como cavalos ou máquinas de produção para conseguir ganhar algum dinheiro no final do mês.

Nossos pais e avós trouxeram isso nas suas mentes e nos ensinaram como sendo a verdade absoluta, mas falta uma parte importante nessa história:

"TRABALHE DURO, MAS, ANTES DE TUDO, TRABALHE INTELIGENTE!"

Agora sim corrigimos o ditado. É óbvio que você deve trabalhar com dedicação e foco, mas, antes de tudo, você precisa trabalhar com inteligência, focando seu tempo e sua energia em algo que realmente trará resultado para a sua vida.

Pode observar na sua família e pessoas conhecidas, sempre tem aquela pessoa que trabalhou duro a vida inteira e não tem dinheiro nem para pagar as contas, ou seja, trabalhar duro sem planejar é perda de tempo. Seguimos...

A outra parte vai do 4 ao 7, essas são as etapas práticas, onde vamos executar, colocar a mão na massa após planejar para colher o resultado que é medido em dinheiro no bolso.

Fazendo isso, quando chegar o momento de executar aquilo que foi planejado, você saberá para onde ir, como ir, quando ir, porque ir. Seu foco vai se tornar uma mira a laser poderosa e nada vai tirar você do caminho.

Após entender essa base do nosso infográfico, vamos conhecer de forma resumida as sete etapas que são representadas por **sete gatilhos naturais do comportamento humano**. Após este resumo, entraremos nos detalhes práticos de cada etapa:

00) Ponto zero

Antes de qualquer ação, você tem o "ponto zero" para definir. Aqui é onde tudo começa, onde você escolhe com o que vai trabalhar, qual será o seu produto ou serviço, o que você vai vender e qual problema vai resolver.

Sabe aquela pergunta que nos faziam na infância: "o que você vai ser quando crescer?". Então é mais ou menos isso. Por incrível que pareça, ainda há muitos jovens e adultos tentando responder essa questão, o ponto zero vai te ajudar com isso.

Se você já tem essa resposta bem definida na sua mente, parabéns, pode ter certeza de que já deu um grande passo. 😊

O ponto zero do Steve Jobs foi quando ele decidiu que montaria um computador na garagem da sua casa com seu amigo Steve Wozniak.

MARKETING DE AJUDA

O ponto zero do Silvio Santos foi quando ele decidiu fazer animação de balsa entre o Rio de Janeiro e Niterói.

Caso ainda não tenha definido essa parte, fique em paz. Vamos ajudar você a encontrar as respostas.

01) Problemas e desejos ocultos

O que faz uma pessoa comprar um produto ou serviço é o problema que a incomoda ou algo que ela deseja muito, mas nem sempre é o que está visível, geralmente ela não expõe.

Exemplos práticos:

A pessoa que vai na academia para emagrecer, no fundo, pode ser que ela odeie ter que tirar 10 fotos até achar uma para postar no Instagram.

Talvez, o que motivou ela tenha sido uma humilhação que passou na escola ou no trabalho quando percebeu as pessoas olhando e comentando sobre o seu corpo.

Ou, quem sabe, ela está apaixonada pelo vizinho e quer ficar mais bonita e *sexy* para chamar a atenção do novo pretendente.

Repare que, por trás de cada decisão de compra, existe um "problema ou desejo oculto", algo que está incomodando, mas que a pessoa não sai por aí contando para todo mundo.

Gatilho natural: desejamos evoluir sempre.

Segundo os estudos do economista austríaco Ludwig Von Mises, o ser humano toma uma ação por 3 aspectos: insatisfação e desconforto atual, visão do futuro desejado e a ação para sair de um estado para o outro.

Resumindo: o que nos move são justamente os problemas, portanto, para vendermos um produto ou serviço, precisamos mostrar ao cliente que ele tem um problema e que o futuro desejado será alcançado através da nossa solução.

É padrão do ser humano ter sempre o desejo de aprender, crescer e mudar, realizar seus sonhos, resolver seus problemas e evoluir constantemente.

Inclusive o *slogan* de uma das empresas do William é: "Em qualquer etapa da vida, o importante é crescer!"

02) Público de interesse

Após identificar os problemas e desejos ocultos, fica fácil identificar o público que poderá comprar a sua solução. Além disso, ficará muito mais fácil de comunicar a solução de forma clara e objetiva.

Exemplo prático de definição de público:
Mulheres entre 18 e 30 anos, solteiras, querem emagrecer rápido e sem esforço para se sentir mais *sexys* e desejadas.

Gatilho natural: desejamos ser notados.

De acordo com o psicólogo estadunidense Abraham Maslow, o indivíduo rege sua vida de acordo com as suas necessidades, sendo que uma delas é justamente o desejo de estima (reconhecimento, prestígio, autorrealização).

03) Solução única

As pessoas não compram um produto, elas compram "o que o produto faz pela vida delas", esse detalhe é fundamental.

Nós queremos o produto ou serviço que é mais fácil de ser usado, que é melhor que o da concorrência, que fará a gente sentir orgulho de ter comprado, que é uma experiência diferente, queremos sentir que estamos tendo alguma vantagem clara em adquiri-lo.

Exemplo prático:

Há milhares de escolas vendendo curso de inglês, mas o Flávio Augusto inovou ao oferecer "Inglês para adultos em 18 meses". Tornou-se único quando fez isso.

Repare que a oferta é clara, tem um público específico, tem vantagens sobre a concorrência (os outros eram mais demorados) por ser mais rápido, também parecia ser mais fácil que as outras opções. Além disso, existiam outros argumentos que passavam confiança e faziam a pessoa sentir que estava ganhando uma boa vantagem ao fazer o curso.

Gatilho natural: desejamos ser especiais.

Assim como no gatilho anterior, uma das partes da pirâmide de Maslow também é o desejo por autorrealização.

De acordo com Maslow, as necessidades fisiológicas são as necessidades básicas do ser humano. Ao alcançar uma delas, ele parte para o próximo nível, ou seja, sempre evolui para que possa se sentir cada vez mais especial.

04) Geração de demanda

Para cada pessoa que decide fazer uma compra, existem outras duzentas que ainda estão em dúvida. A geração de demanda resolve isso e aumenta suas vendas na hora.

É aqui onde você atrai as pessoas certas que têm a dor ou o desejo que você vai ajudar a resolver.

Exemplo prático:
Na hora de comunicar a sua solução, é importante você citar e até reforçar a dor antes de apresentar a solução.

Ao fazer isso, você cria um alerta para a pessoa que tem aquele problema e, com isso, desperta nela o desejo de compra ou, pelo menos, desperta a sua atenção, e atenção é uma moeda valiosa nos dias de hoje.

Gatilho natural: desejamos viver sem problemas.

Você só decide pela compra de um produto ou serviço quando precisa resolver um problema ou realizar um desejo, portanto, esse também é um gatilho natural da mente humana.

Além disso, segundo o neurologista Donald Calne, somos 80% emocionais e 20% racionais, portanto agimos pela emoção e justificamos com a razão, isso é importante, pois na hora de divulgar o seu produto ou serviço (gerar demanda), o ideal é procurar sempre usar mais argumentos emocionais e menos racionais, falaremos mais sobre isso adiante.

05) Oferta que conecta

Como falamos no item 3, as pessoas não compram o produto. Na verdade, elas compram a oferta, ou seja, como esse produto está sendo comunicado para o público comprador.

Além disso, não basta ter um produto lindo se ninguém se interessa por ele. Por isso, após gerar a demanda, é preciso conectá-la às pessoas certas de forma clara.

A principal pergunta a ser respondida nesta etapa é: "por que o cliente deve comprar o seu produto agora?"

Neste passo, você vai aprender como mostrar o seu produto ou serviço de forma compreensiva e que vai gerar o desejo imediato pela compra. É uma sequência lógica para negociação e fechamento da venda.

Gatilho natural: desejamos ser compreendidos.

Pode reparar, os seus melhores amigos e as pessoas que você mais gosta são sempre aquelas que a conversa flui de forma mais clara e até divertida, ou seja, onde há melhor compreensão de ambas as partes, portanto, as negociações que dão certo também são aquelas onde existe a melhor comunicação entre cliente e fornecedor.

06) Processo de multiplicação

A partir da etapa 6 é onde separamos as empresas amadoras das empresas que obtêm grande sucesso hoje em dia.

Em 95% dos casos, a negociação acaba no passo 05. Se o cliente comprou ou não, acabou. No M.D.A., temos os dois passos seguintes que irão multiplicar o seu resultado.

É aqui onde você usa uma estratégia de indicação *on-line* ou *off-line* para gerar mais contatos de pessoas interessadas no seu produto (a falta desta estratégia em 95% dos negócios é responsável pela perda de pelo menos 35% de faturamento).

Gatilho natural: desejamos ser altruístas (ajudar o próximo e sermos vistos como boas pessoas).

Só evoluímos como uma sociedade organizada devido à ajuda que proporcionamos direta ou indiretamente uns aos outros, inclusive, como já citamos, essa é uma das melhores formas de se sentir realizado e feliz, pois essa é uma das principais formas de liberar oxitocina no seu corpo.

07) Represa e nutrição

Estudos afirmam que é até 5 vezes mais barato vender para quem já ouviu falar e já confia em você do que vender para novos clientes. Além disso, vivemos na época do relacionamento, ele é a base dos negócios de sucesso.

É nesta etapa que você usa uma estratégia para melhorar o relacionamento e ter clientes fiéis para o resto da vida.

Como seres humanos, queremos pertencer a grupos e comunidades. É por isso que criamos igrejas, escolas, associações, grupos de Facebook e WhatsApp etc.

Gatilho natural: desejo de pertencimento.

Uma das necessidades citadas por Maslow é justamente a Social, ou seja, a de pertencer a grupos, evoluímos dessa forma desde o homem das cavernas.

Aqui fizemos um breve resumo de cada etapa. O segredo está nos detalhes, em entender cada passo. É isso que faremos a partir de agora.

ENCAIXANDO A ESTRATÉGIA NA VIDA REAL

Vamos ver uma história famosa que talvez você já conheça e vamos encaixar a estratégia do *Marketing* de Ajuda no processo:

Quando o Silvio Santos começou sua carreira lá em meados dos anos 40, ele usou um "arsenal" para começar o seu império.

Esse arsenal está à disposição de todas as pessoas do mundo, mas poucas se dão conta do poder que têm em mãos.

Quando elas descobrem, uma transformação radical acontece, seja na vida financeira, relacionamentos, tudo muda para melhor.

As pessoas que você mais admira no mundo usam e abusam desse "superpoder". Neste livro, você vai descobrir como ativá-lo para você também.

Esse poder é o que faz a diferença entre as pessoas que conquistam grande êxito, apesar de qualquer limitação como falta de estudo, falta de conhecimento, falta de habilidade, falta de dinheiro, timidez etc.

Vamos ver o exemplo do Silvio Santos. Lá no começo da sua carreira, ele precisava pegar uma balsa para ir de Niterói para o Rio de Janeiro. Numa dessas viagens, ele percebeu um problema: era uma viagem muito chata e quieta.

Nessa época, ele era camelô, não tinha dinheiro, nem qualquer experiência. A única coisa que ele fez foi enxergar um problema que ninguém havia enxergado, era um "problema oculto".

MARKETING **DE AJUDA**

Era um problema e as pessoas não reclamavam dele, mas estava ali incomodando.

Foi aí que ele teve a ideia de oferecer uma solução. Nascia ali o serviço de "animador de balsa". Ele usava caixas de som para animar as viagens e ganhava dinheiro com a venda de publicidade.

Esse foi o seu "ponto zero", quando ele identificou uma atividade que poderia gerar lucro para ele, que poderia ajudar outras pessoas e que combinava com o perfil dele naquele momento, afinal, ele era um ótimo comunicador.

O ponto zero é isso, é algo pessoal e instintivo, é aquele "estalo" quando você tem uma boa ideia e encaixa com a sua vocação natural.

A gente chama de "ponto zero" porque vem antes de tudo, antes de planejar um negócio, antes de pensar em estratégias de venda, é uma percepção interna, um desejo de fazer algo.

Como já falamos, por ser algo muito pessoal, essa parte é com você, é difícil alguém lhe falar o que fazer, até porque, quando alguém fala, pode colocá-lo num caminho completamente errado.

É por isso que sempre vemos profissionais sem paixão pelo que fazem. É o caso de um médico que atende mal, um eletricista que faz um trabalho malfeito, uma secretaria mal-humorada, são pessoas que estão no trabalho errado e não têm coragem de mudar.

Mas voltando ao Silvio Santos, a história do "animador de balsa" foi a primeira atividade de negócios que criou o grande empresário que conhecemos hoje.

O que isso tem a ver com *Marketing* de Ajuda? Tem tudo a ver. Veja bem:

Ponto zero: ele amava se comunicar, tinha uma voz bonita, a atividade tinha tudo a ver com ele e com a sua personalidade.

A partir daí, foi só aplicar as sete etapas:

1. Ele identificou um problema oculto (viagem chata e demorada).
2. Identificou um público de interesse (clientes da balsa e empresas querendo divulgar).
3. Criou uma solução diferente e isso gerou renda para ele (animador de balsa era novidade).
4. Gerou uma nova demanda para vender publicidade (era uma nova forma de divulgação).
5. Fez uma oferta que conectou problema x solução (ele, a balsa, as empresas e as pessoas saíram ganhando).
6. As pessoas gostaram e indicavam o trajeto da balsa (novos clientes sem qualquer custo).
7. Com o aumento do público, ele pôde fazer muitos outros negócios (o relacionamento gerou mais dinheiro).

Perceba que essas são as sete etapas do *Marketing* de Ajuda!

Esse foi apenas um exemplo simples usando uma história que talvez você já conhecesse, mas o que faremos aqui é criar um "processo padrão" onde você possa adaptar em qualquer negócio para gerar renda, mesmo que esteja começando do zero.

ESTRATÉGIA É O SEGREDO PARA VOCÊ FAZER DINHEIRO EM ABSOLUTAMENTE QUALQUER ÁREA.

Imagine dois alunos que se formam em administração na mesma faculdade e na mesma turma, um se torna milionário e outro mal consegue pagar as contas do mês. Existem infinitos casos assim. Qual a diferença entre eles?

MARKETING **DE AJUDA**

A ESTRATÉGIA.

Outro exemplo simples e comum:

Aí na sua cidade deve ter duas pizzarias que têm praticamente o mesmo cardápio, a qualidade é bem parecida, ambas têm um bom atendimento, o valor é parecido, porém, uma vende até 10 vezes mais que a outra.

Você sabe qual é a diferença entre elas?

A ESTRATÉGIA.

Em ambos os exemplos falta uma estratégia padrão de *marketing*. As pessoas não conseguem vender suas ideias, seja para conseguir um emprego ou para vender seus produtos e serviços, como no exemplo da pizzaria.

A ESTRATÉGIA É O SEU MAPA

Imagine que você tem um quebra-cabeça de 5.000 peças, o que você precisa para montá-lo?
Um mapa, um modelo, um guia, um PADRÃO!
Se você não tiver, ficará perdido e vai demorar até 100 vezes mais pra chegar no objetivo, se não desistir antes, pois será bem frustrante olhar para aquelas milhares de peças e não fazer a menor ideia de onde encaixar cada uma.

Para fazer dinheiro é a mesma coisa.

São milhares de variáveis. Se você não tem um padrão, você se perde, erra muito, perde dinheiro, perde tempo, se estressa, se frustra etc.

Falando em tempo, ele é o seu bem mais valioso.

Qualquer coisa que você decida realizar na vida, a partir de agora, vai consumir parte do seu tempo.

É justamente por isso que, ao ficar na tentativa e erro, você acaba desperdiçando o seu bem mais valioso e isso se reflete nos seus resultados financeiros.

Além disso, você deixa de fazer aquilo que realmente gostaria, como, por exemplo:

Qual foi a última vez que você viu aquelas suas fotos antigas daquele momento tão especial?

Olhe aí para o seu computador e celular, quantos arquivos desorganizados você tem aí?

E aquela sua gaveta com papéis e bugigangas de 10 anos atrás que há tempos você promete arrumar, quando você vai fazer isso?

MARKETING DE AJUDA

Percebeu? Falta tempo para fazermos até as coisas simples do dia a dia, portanto, **quanto mais você "tenta e erra", mais tempo você perde.**

É exatamente por falta de um mapa padrão que um terço dos negócios acaba fechando antes mesmo de completar dois anos de vida. Isso acontece porque eles demoram muito para atingir o ponto de equilíbrio, aquele momento que as entradas de dinheiro se igualam às saídas.

O *Marketing* de Ajuda resolve isso na hora, em instantes você tem um novo padrão para seguir, com clareza, sem excesso de informações. É um processo padrão de A a Z de forma assertiva, prática e direta.

Veja a história real contada pelo William para ter uma noção do que você vai aprender aqui:

Até os 18 anos, eu era gago. Na verdade, era muito gago. Talvez, por isso, também tenha sido muito tímido, morria de vergonha de apresentar um trabalho de escola e de me comunicar com outras pessoas.

Se precisasse falar com uma menina, quase tinha um ataque do coração! Inclusive o primeiro amor da minha vida eu perdi para o meu melhor amigo, porque não tive coragem de conversar com ela em uma festa junina.

Para você ter uma ideia, até para perguntar a hora na rua era um sofrimento, eu não conseguia, a voz enroscava e não saía.

Nessa época, meu sonho era trabalhar escondido num canto usando o computador. Justamente por isso, acabei me tornando tecnólogo de processamento de dados, minha primeira formação universitária.

Na busca por entender melhor o meu propósito de vida, pois ainda me sentia um peixe fora d'água com a escolha universitária que havia feito, achava que minha vida seria trabalhar sozinho, mas no fundo tudo isso gerou em mim uma enorme frustração, acabei percebendo que gostava de lidar com pessoas, mas a gagueira me bloqueava. Foi aí que comecei a ler um livro chamado O poder do subconsciente, do autor Joseph Murphy.

O impacto desse livro foi tão grande que a gagueira sumiu completamente.

Percebi que a leitura me AJUDOU muito, além de destravar a gagueira, pude entender que, reprogramando a mente, uma nova história poderia ser vivida. Nesse livro, aprendi que através do subconsciente era possível remover os obstáculos mentais, como destruir e construir um hábito novo, o conceito de atenção focalizada, como afastar o medo ressignificando conceitos e processos. Desse dia em diante, me apaixonei pela leitura e pela busca incessante de aprimoramento e crescimento pessoal. Nunca mais parei de ler.

Alguns anos depois, já fazendo sucesso e tendo êxito na minha carreira profissional, deparei-me com um desafio que começou a tirar minhas noites de sono.

Entrei em uma confusão mental, um verdadeiro looping, sem saber ao certo que rumo tomar, que escolhas fazer, e exatamente nesse período percebi que precisava de AJUDA novamente, só que agora não mais para resolver a gagueira, mas para resolver um conflito interno sobre minha profissão.

Nessa época, eu viajava por todo o Brasil, treinando milhares de pessoas para alcançar seus objetivos de vida, tanto pessoais quanto profissionais.

Apenas para você ter uma ideia, meus treinamentos envolviam: Comunicação, Oratória, O Poder da Fala Certa, Vendas de Alta Performance, Liderança, Controle Financeiro Pessoal, Marketing Pessoal, Cronoanálise, Administração Rural e muitas outras áreas em que fui me especializando.

Tudo isso me dava uma excelente fonte de renda, porém, eram muitos assuntos para me atualizar, isso acabava tomando muito o meu tempo. Eu queria focar em apenas uma área, naquilo que mais amava, mas ainda existiam muitas dúvidas, para isso eu precisaria abrir mão de algumas coisas, foi aí que minha mente bugou.

Quando você tem 20 opções boas e precisa escolher uma, o maior desafio não é a escolha em si, mas a dor e a preocupação causada pelas outras

MARKETING **DE AJUDA**

19 que você vai ter que descartar, inclusive, existem estudos científicos sobre isso, um dos mais famosos é o realizado pela Dra. Sheena S. Iyengar, uma psicóloga e economista canadense, autora da obra The Art of Choosing (A arte da escolha, em tradução livre), no qual aborda o tema que a tornaria conhecida mundialmente: a escolha. Ela fala sobre o paradoxo da escolha e mostra que as pessoas sentem grandes dificuldades para manter o foco e ficam paralisadas quando há muitas opções para escolher.

Tudo que faço não sei fazer mais ou menos, ou como se diz na gíria, meia boca, eu me entrego de cabeça e procuro sempre dar o meu melhor, pois lidamos com pessoas que buscam solução e orientação para suas vidas, desta forma, merecem receber o que temos de melhor. Essa pressão me deixou entre a cruz e a espada de que rumo e decisão tomar.

Para minha sorte, nessa época, o médico psiquiátrico Dr. Augusto Cury tinha uma clínica na minha cidade, próxima da minha casa, isso foi em julho de 2000.

Obviamente, isso foi antes de ele ter mais de 30 milhões de livros vendidos e ser considerado o autor mais lido da última década com seu best-seller O vendedor de sonhos, adaptado para o cinema em 2016.

O Dr. Augusto Cury é idealizador da Teoria da Inteligência Multifocal, que analisa o processo de construção dos pensamentos. Criador da AGE – a primeira Academia de Gestão da Emoção, que já transformou a vida de milhares de pessoas através dos seus cursos e treinamentos. É também criador do 1º centro de gestão da emoção em um Shopping Center, o MultiSer, do qual tive a honra de participar da inauguração nesse dia tão marcante.

A nossa primeira conversa foi na sua casa, na cidade de Colina, em uma linda fazenda, nesse dia ele me apresentou o seu livro Inteligência multifocal e conversamos por horas. E com toda sua sabedoria sobre a mente, ansiedade e inteligência, durante aquela conversa ele conseguiu me mostrar as "estradas com todas as suas placas de *direcionamento", que eu sozinho não conseguia decifrar. Ele mostrou o mapa que eu deveria seguir.*

Nunca vou esquecer as palavras mágicas que mudaram definitivamente minha forma de pensar e agir.

Por qual razão contei um pouco da minha história?

Para você ver que aquele cara, que era gago, tímido, introspectivo, acabou se tornando algo que era impossível e impensável de acontecer.

Tornei-me palestrante e especialista em AJUDAR PESSOAS a melhorar as suas vidas e a desenvolver negócios milionários, utilizando o que hoje chamo de MARKETING DE AJUDA. Foi nessa fase que descobri o meu verdadeiro propósito de vida e o meu novo "ponto zero". São conceitos como esses que você vai ter acesso neste livro e no curso on-line.

Ao longo dos últimos anos, o William havia criado um jeito diferente de fazer negócios e produzir dinheiro e agora estava pronto para compartilhar esse método com o mundo.

Era um jeito mais simples, sem técnicas mirabolantes ou coisas complexas, sem ser chato com o cliente, sem ter que vender a alma para ganhar dinheiro.

Era algo tranquilo, uma forma de conversar naturalmente e ajudar as pessoas de verdade.

Inclusive foi usando essa técnica que ele acabou batendo muitas metas de venda e foi duas vezes para os Estados Unidos a convite de uma empresa na qual trabalhava nos anos 90.

Anote esta frase:

"GANHAR DINHEIRO É SORTE, PRODUZIR DINHEIRO É HABILIDADE!"

MARKETING **DE AJUDA**

O ser humano produz dinheiro de duas formas: oferecendo um produto ou um serviço para outras pessoas.

É assim em 99% dos casos. Às vezes é como funcionário em uma empresa pública ou privada, outras é com o seu próprio negócio, seja trabalhando no mundo físico ou na Internet.

Mesmo quando você acha que não vende um produto ou serviço, no fundo você está vendendo o seu tempo em troca de um salário ou comissão.

Ou seja, para produzir dinheiro, você sempre irá oferecer alguma coisa para alguém, e, nessa hora, quanto mais certo você oferecer, mais você vai ganhar!

Está aí um dos segredos do Silvio Santos e de qualquer outra pessoa bem-sucedida que você conhece: comunicação do jeito certo. Chamamos isso de "O poder da fala certa"!

Só que aí existem três grandes problemas:

1. Para fazer essa oferta, você precisa de contatos de pessoas, caso contrário, não ganhará nada.

2. Depois que tem os contatos, você precisa saber se comunicar, caso contrário, também não ganhará nada.

3. Depois disso, você precisa ter um meio de fazer isso com constância e escala, senão ganha um dia e não ganha no outro.

Falando em escala, é como dizem grandes empresários: **"se o seu negócio não tem possibilidade de escalar, você nunca ficará milionário". Guarde essa frase!**

E repare que esses três "problemas" são padrões, existem em absolutamente qualquer tipo de negócio, sejam de produtos ou serviços, físicos ou digitais.

Quando você entende essa base, você terá a habilidade de fazer dinheiro em absolutamente qualquer área. Isso lhe dará liberdade de escolha para trabalhar com o que você realmente acredita. A partir daí, ninguém mais o segura.

Veja o seu caso, por que você compra alguma coisa? Somente por duas razões: resolver um problema ou realizar um desejo!

É assim com você, comigo e com as outras 7.9 bilhões de pessoas no mundo. Portanto chegamos na seguinte conclusão "óbvia": para ganhar dinheiro, seja na Internet ou no mundo físico, você precisa encontrar um problema ou um desejo e oferecer uma solução.

Agora, você vai entender que, apesar de parecer simples e óbvio, não é tão fácil assim, até porque, se fosse, todo mundo seria milionário, concorda?

Existe um processo para fazer isso da forma certa e criar um padrão. Portanto vamos entender em detalhes cada uma das sete etapas do *Marketing* de Ajuda.

00 - O PONTO ZERO

00 - O PONTO ZERO

Em 2012, a Gallup Poll, uma empresa de pesquisa de opinião dos Estados Unidos, fundada em 1930 pelo estatístico George Gallup, fez uma descoberta muito importante e que tem tudo a ver com o nosso ponto zero.

A pesquisa foi realizada em 140 países e demonstrou que 67% das pessoas não têm engajamento no trabalho ou não se sentem motivadas com a profissão escolhida. Além disso, outros 24% se consideram infelizes e improdutivos.

Apesar de esse número não ser uma grande surpresa, afinal, se você conversar agora com pessoas próximas, vai conseguir confirmar algo bem parecido, essa pesquisa tem muito a nos dizer. Ela nos mostra que muitas pessoas estão trabalhando com algo que elas não gostam ou não acreditam, talvez por necessidade, talvez por serem influenciadas por outras pessoas. É sobre isso que falaremos agora.

Imagine que você está começando do absoluto zero, não tem nenhum centavo no bolso, nenhuma ideia na cabeça. Você tem apenas o desejo de "fazer dinheiro".

Tente se imaginar nessa situação, mesmo que você já tenha alguma ideia ou já tenha algum negócio em andamento.

Para a maioria das pessoas, quando vem o pensamento de que "preciso ganhar dinheiro", a primeira coisa que passa pela sua cabeça é: "preciso arrumar um emprego"!

Isso não tem nada errado, porém existe um grande problema nessa escolha que é o seguinte: como já falamos, emprego é algo que não depende unicamente de você, depende de outra pessoa, de uma empresa, na verdade, depende até de sorte, afinal, é comum acontecer de pessoas com ótima formação perderem a vaga para o sobrinho do dono da empresa.

Portanto vamos deixar de lado a ideia de emprego e focar em algo que depende só de você.

E aí, qual é o primeiro de todos os passos?

Resposta:

1. Escolher uma área para trabalhar que combine com o seu perfil.
2. Encontrar um problema que incomoda as pessoas e que elas buscam por uma solução.
3. Por fim, encontrar um produto ou serviço para vender!

Repare que "encontrar um produto ou serviço para vender" é a última parte dentro do seu "ponto zero". Dê atenção a isso e será mais fácil chegar no objetivo de fazer dinheiro.

Antes de começar a procurar um problema ou um desejo, produto ou serviço, você precisa escolher a sua ideia de negócio, algo que combine com você, sua personalidade e habilidades.

Essa parte é fundamental que seja feita com base na sua intuição, desejos e valores internos. Isso evitará que você ouça outras pessoas e siga a vontade delas e não a sua, pois, nesse caso, mesmo que venha a obter sucesso, não conseguirá sentir satisfação total. E isso é fundamental para a sua felicidade no futuro, portanto, dê muita atenção nesta etapa.

Por exemplo: "quero vender sapato" ou "quero ser professor" ou "quero trabalhar com a Internet" ou "quero trabalhar com investimentos" ou "quero escrever um *e-book* sobre receitas saudáveis" etc.

Esse é o seu ponto zero, é a sua escolha inicial. A partir daí, você começa a identificar e trabalhar nas próximas sete etapas do *Marketing* de Ajuda. Fique em paz, depois você poderá fazer outras escolhas e mudar de ideia, mas é preciso dar o primeiro passo da forma mais correta e intuitiva possível.

Muitas coisas podem influenciar uma pessoa na hora dessa decisão. Por exemplo:

- Família e amigos;
- Ambiente e região que vive;
- Influenciadores digitais;
- Programas de TV ou pessoas famosas;
- Um trabalho que começa por necessidade.

Enfim, as possibilidades são infinitas, porém, independentemente da influência externa, a escolha deve ser pessoal e consciente.

Para entender melhor a importância disso, vamos ver um exemplo de história que acontece todos os dias. É provável que você conheça alguma bem parecida.

Imagine um jovem que sonhava em ser médico. Porém os seus pais sonhavam que ele fosse advogado. Agora ele tem um dilema: seguir a sua intuição e correr o risco de frustrar os seus pais, ou seguir o desejo dos pais e correr o risco de se frustrar?

Se você estivesse nessa situação, qual seria a sua escolha?

Se o jovem ceder à pressão dos pais, mesmo que conquiste dinheiro e sucesso como advogado, talvez ainda se sinta frustrado, pois sempre irá pensar que o seu verdadeiro sonho e vocação eram outros.

MARKETING **DE AJUDA**

Claro que isso não é uma regra e não vamos criar tanto dilema, afinal, também é possível que ele se torne um ótimo advogado e aprenda a gostar da profissão.

A verdadeira regra é a seguinte: a gente não precisa fazer apenas o que gosta, mas é fundamental aprender a gostar do que fazemos. Essa é a única forma de obter sucesso e satisfação de verdade. (leia de novo).

Portanto o mais importante é fazer a escolha consciente e intuitivamente. Talvez esta seja a parte mais difícil da sua trajetória, mas, de fato, ela deve ser uma decisão somente sua.

Busque em você as respostas: o que eu gosto de fazer? O que eu acredito que pode me realizar pessoal e profissionalmente? Essa atividade é benéfica, honesta?

Há muitos casos que essas escolhas são baseadas na necessidade, muitas pessoas começam a trabalhar em determinadas áreas num primeiro emprego e acabam gostando daquilo e seguem com a profissão.

A história contada pelo Elias, coautor deste livro, é um exemplo:

Comecei a dar aulas em uma pequena escola de informática em 1999. Tudo aconteceu por acaso, pois não tinha qualquer plano em ser professor. Na época, ainda era militar e acabei sendo convidado por um capitão do quartel.

Acabei gostando daquela atividade, comecei me aprofundar na informática. Comecei como professor, depois acabei comprando a escola, em seguida montei um provedor de Internet, loja de informática e a vida de empreendedor da área de tecnologia e educação começou. Hoje, 20 e poucos anos depois, sou completamente apaixonado pelo que faço.

De uma forma ou de outra, segui meu coração, ninguém me falou nada sobre "faça ou não faça isso".

Fazendo suas próprias escolhas, mesmo que erre, não sentirá frustração, afinal, foi você mesmo que escolheu. **Erros são apenas formas diferentes de aprendizado. Não existe fracasso, apenas resultados.**

Você conhece a história real do soldado Desmond Doss?

Ele entrou para a segunda guerra como uma piada, era odiado pelos outros soldados, foi considerado uma vergonha e o pior do seu pelotão.

Foi humilhado, surrado, preso, desmotivado de todas as formas, afinal, era o único soldado que não queria pegar em uma arma.

Porém ele saiu da guerra como um dos maiores heróis da história e é admirado até hoje, inclusive, seus feitos viraram filme, "Até o último homem!", assista, vale muito a pena!

De todos os exemplos, talvez o Soldado Doss seja o mais perfeito para ilustrar a decisão e a escolha do "ponto zero" com base na intuição.

Ele acreditava que deveria seguir seu propósito e mesmo quando foi chamado de louco, continuou acreditando e seguindo os seus próprios valores e isso fez toda a diferença.

O que havia em comum entre o "Doss fracassado" e o "Doss herói"?

Apenas a opinião dos outros!

Foram os outros que julgaram ele como um fracasso e depois como um herói, no entanto, ele sempre foi a mesma pessoa, fiel ao que acreditava e nunca mudou a sua essência.

Pode ser muito difícil fazer isso, mas é fundamental se você realmente quer ser feliz e obter o verdadeiro sucesso.

Portanto ouça a sua intuição e faça suas próprias escolhas, escolha a sua profissão, o seu estilo de vida, tudo.

Se der certo, sucesso, se der errado, aprendizado.

Uma dica importante!

Nem sempre as pessoas que te criticam ou tentam te segurar, querem teu mal.

Na maioria das vezes, elas realmente querem te ajudar ou proteger, porém, baseadas nos valores delas, não nos seus.

É por isso que, em algum momento da vida, todos nós já fomos julgados e também já fomos julgadores.

Concorda?

Portanto escolha a sua atividade e mantenha seu foco, aprenda a amar o que você faz.

Tem três frases famosas do Steve Jobs que representam muito bem o que queremos transmitir aqui:

FRASE 01: "FOCO É SABER DIZER NÃO!"

A vida vai apresentar vários caminhos para você percorrer, várias profissões, negócios, ideias, porém, você vai ter que fazer escolhas e descartar várias outras. Às vezes, essas escolhas são um pouco difíceis.

Imagine quantas propostas mirabolantes o Steve Jobs deveria receber durante a sua carreira, mas nada o tirava da sua missão de construir a Apple. Ele sabia dizer não para tudo aquilo que iria tirá-lo do seu objetivo.

FRASE 02: "SIGA SEMPRE A SUA INTUIÇÃO. DE ALGUMA FORMA, ELA SABE EXATAMENTE AONDE VOCÊ QUER CHEGAR!"

FRASE 03: "A ÚNICA MANEIRA DE FAZER UM BOM TRABALHO É AMANDO O QUE VOCÊ FAZ."

As duas últimas frases são bem autoexplicativas e têm tudo a ver com o fundamento do ponto zero.

Ao focar primeiro no ponto zero, você evita cometer o maior erro de quem tem uma ideia de negócio: começar a vender um produto ou serviço baseado apenas no sucesso de outra pessoa.

É isso que acontece em muitos casos. A pessoa inicia um negócio sem ter qualquer ligação com aquele ramo, começou apenas porque viu outra pessoa se dando bem.

Um exemplo perfeito foi o que aconteceu com um ex-aluno, o Vitor, ele queria fazer uma renda extra e estava em busca de um produto ou serviço para começar a vender.

Em um passeio de domingo, acabou vendo a Dona Antonia vendendo panquecas de chocolate na sua banca. Imediatamente ele pensou: "vou fazer a mesma coisa, parece que isso está vendendo bem". E assim montou sua banca de panquecas em outro ponto da cidade.

Passado um tempo, suas vendas não aconteciam, porém a dona Antonia vendia cada vez mais.

O problema é que o Vitor nunca tinha feito nada parecido, ele não tinha nenhuma ligação com esse ramo, não havia nenhum brilho nos olhos com aquele negócio, nenhuma paixão. Ele só começou porque viu a Dona Antonia se dando bem.

Mais tarde, ele descobriu que ela já trabalhava com isso desde criança, quando aprendeu com a sua avó, já que as panquecas eram uma tradição de família.

Felizmente, ele acabou se encontrando em outro ramo que combinava com o seu perfil, começou desenvolver *sites* e lojas virtuais, afinal, desde criança, adorava trabalhar com a Internet e até fazia artes para redes sociais dos amigos.

MARKETING DE AJUDA

Enfim, este é apenas um exemplo comum do que acontece diariamente com milhares de candidatos a novos empreendedores.

Outro erro é escolher uma atividade profissional apenas olhando para aquele antigo sonho de criança. Por exemplo: um jovem que sonhava em ser jogador de basquete, mas sua altura e seu físico não têm nada a ver com essa atividade. É possível ele se dar bem nessa área? Até é, nada é impossível, mas com certeza o desafio será bem maior do que se ele escolher algo que combine mais com seu estilo e suas habilidades naturais.

Apenas para reforçar: não estamos falando para você mudar seu sonho ou objetivo. De forma alguma, estamos apenas reforçando que a sua escolha deve ser baseada na sua verdadeira essência e personalidade.

A história do Arnold Schwarzenegger é outro exemplo perfeito do ponto zero definido com base no desejo próprio.

Ele nasceu na Áustria em 1947, um país destruído pela 2ª Guerra. Seus pais já tinham planejado seu futuro:

Ele seria fazendeiro, operário ou policial.

Iria se casar e ter muitos filhos.

Não tinha nada de errado com isso, mas esse não era o plano do jovem Arnold. Seu objetivo era ser fisiculturista e ator, desde jovem já levantava 226 kg no supino e fazia 2 mil abdominais por dia.

Ele sentia que havia nascido para algo diferente, algo único: Ser como Reg Park, o Mr. Universo que fazia o papel de Hércules nos cinemas.

Ele já havia definido o seu "ponto zero", ele sabia exatamente para onde queria ir.

"Se você tiver o melhor navio, mas o capitão não souber para onde ir, pode acabar dando voltas ou parando no lugar errado."

Acabou indo para Londres onde ganhou o Mr. Universo. Depois vieram os Estados Unidos, filmes como Conan, Exterminador e o restante da história você já conhece.

Um sonho que só se realizou porque ele tinha um objetivo claro e seguiu seu coração e a sua intuição.

Quando você define seu ponto zero, não importa o tamanho dos seus desafios, você sabe para onde está indo e sabe que qualquer desafio será parte do aprendizado até chegar lá.

Se você já tem uma profissão ou área de atuação bem definida, parabéns, já deu um grande passo.

Antes de fecharmos esta etapa, deixa eu lhe contar mais uma história interessante sobre a definição do ponto zero e de metas claras e objetivas.

Você conhece a famosa história da carta de 10 milhões de dólares do Bruce Lee?

Vou lhe contar resumidamente:

Em 1969, Bruce Lee ainda não era um ator muito famoso, havia feito poucas participações em seriados demonstrando suas habilidades com artes marciais.

Mas em janeiro de 1969 ele escreveu uma carta para si mesmo, onde ele afirmou que em 10 anos ele se tornaria o ator oriental mais famoso e mais bem pago dos Estados Unidos. Nesse prazo, ele acumularia uma fortuna de mais de 10 milhões de dólares.

Em troca disso, ele daria o melhor de si em tudo o que fizesse.

Foi uma promessa feita para ele mesmo, a qual foi cumprida em menos de 4 anos. Quando faleceu em 20 de julho de 1973, já era o ator oriental mais famoso do mundo e tinha uma fortuna de aproximadamente 10 milhões de dólares. Seu legado ficou escrito na história para sempre.

MARKETING **DE AJUDA**

A famosa carta está em Nova York, pendurada na parede do Planet Hollywood.

Veja as palavras exatas da carta:

Minha principal meta definida

Eu, Bruce Lee, serei o primeiro e mais bem pago Superstar Oriental nos Estados Unidos. Em troca disso, farei as performances mais entusiasmadas e vou entregar o melhor da minha qualidade como ator. Começando em 1970, atingirei fama mundial, e a partir daí até 1980 terei em minha posse 10 milhões de dólares. Viverei do jeito que eu quero e atingirei paz interna e felicidade.

Bruce Lee, jan. 1969

Talvez você esteja se perguntando: o que a carta tem a ver com o "ponto zero" do *Marketing* de Ajuda?

Podemos ligar a escrita da carta em basicamente dois pontos muito importantes:

O primeiro é a definição de metas claras e objetivas, com prazo para acontecerem e com a consciência do que você terá que fazer para chegar lá.

No caso da carta do Bruce Lee, havia todos esses ingredientes.

O segundo ponto é o mais importante de tudo: ele sabia exatamente onde iria colocar o seu foco e a sua energia com força total, ele tinha convicção de que queria ser ator e que iria se dedicar ao máximo para fazer aquilo dar certo.

Esse é o ponto mais importante de todos, você saber exatamente para onde está indo. Ao fazer essa escolha, nada mais vai tirar você do caminho certo.

Esse é o ponto zero, onde você toma a sua decisão pessoal de forma intuitiva: "vou focar nisso aqui, vou dar o meu melhor nisso aqui, é isso que eu quero fazer".

É um sentimento de certeza. Você pensa: "é isso que eu nasci para fazer, minha personalidade e minhas habilidades se encaixam perfeitamente nessa atividade, essa é a minha missão".

Nem sempre é fácil chegar nessa "certeza". Além disso, é normal surgirem dúvidas no meio do caminho. Em qualquer atividade que você venha fazer, haverá desafios, faz parte do processo tudo isso. Mas quando você acredita no que está fazendo, você simplesmente supera.

Não é papo motivacional, é ciência!

Quando você está fazendo algo em que acredita, seu corpo trabalha com mais energia, sua mente trabalha com mais foco, você trabalha sob efeito de dopamina e outros hormônios trazem sensação de bem-estar e felicidade. Tudo isso motiva você cada vez mais, portanto, as chances de obter êxito são infinitamente maiores do que se fizer algo diferente.

Imagine qualquer pessoa de sucesso que você admira, imagine quantas vezes ela esteve a ponto de dar errado, de desistir, quantas propostas aleatórias ela recebeu e precisou recusar para se manter firme no objetivo. É isso, o ponto zero é o seu guia.

Uma dica extra: caso ainda não tenha visto, recomendo assistir ao filme da dupla Zezé Di Camargo e Luciano: *Dois Filhos de Francisco*. É incrível a trajetória de superação, foram muitos desafios para seguir com o grande sonho de cantar.

Eles sofreram muito, passaram até fome, quiseram desistir várias vezes, mas, no fundo, eles sabiam que seus olhos brilhavam e o coração batia mais forte quando estavam cantando. Sua intuição os guiou para a grande missão. Além disso, tinham o grande incentivo do seu pai, o Sr. Francisco.

AS SETE CARACTERÍSTICAS DE UM NEGÓCIO PERFEITO

Nossa função com o "ponto zero" não é influenciar na sua decisão, mas oferecer informações e orientações para auxiliá-lo nesse processo. Portanto vamos ver aqui as sete características de um negócio perfeito para ajudá-lo na escolha.

Esta lista foi citada em uma das *lives* do Erick Salgado, CEO da Builderall e um dos maiores empresários do mercado digital no mundo.

A história do Erick também tem tudo a ver com o que estamos falando nesta etapa do livro. Ele se formou professor de educação física aqui no Brasil, trabalhou nessa área por alguns anos, depois criou alguns negócios na Internet onde acabou errando bastante até encontrar o seu verdadeiro caminho.

Em 2008, mudou para os Estados Unidos onde desenvolveu outros negócios na Internet e acabou criando a Builderall, hoje, uma das maiores plataformas de *marketing* digital do mundo.

Inclusive ela é uma ótima ferramenta para você usar na hora de colocar em prática as estratégias que está aprendendo neste livro. Saiba mais no **marketingdeajuda.com/ferramentas**

O Erick é um ótimo exemplo de que, apesar de começar com escolhas diferentes e com diversas falhas, ele foi, aos poucos, tomando decisões que o levaram onde realmente gostaria de estar.

Isso acontece com muitas pessoas de sucesso, elas até começam em outras atividades para conseguir dinheiro e conhecimento para chegar no verdadeiro propósito. Portanto, se você ainda não está com seu "ponto zero" bem definido, continue com foco total na sua busca e na sua intuição, ela vai guiá-lo até o objetivo.

Sobre este assunto, é fundamental falarmos do Sistema S.A.R. que existe no seu cérebro e da importância de você anotar os seus objetivos no papel e lê-los com frequência.

Isso não é papo motivacional, isso é ciência. Vamos entender: ao fazer esse simples processo de anotar os objetivos, você coloca o sistema S.A.R. (Sistema Ativador Reticular) do seu cérebro para funcionar ao seu favor.

O S.A.R. é o seu "GPS" natural, ele é uma área do seu cérebro responsável por guiar a sua atenção e o seu foco na direção daquilo que você deseja. Ele ajuda sua mente a filtrar aquilo que é importante e desligar do que não é.

Um exemplo bem simples é quando você está interessado em algum produto, por exemplo, em comprar um carro de uma determinada marca. Automaticamente, o seu sistema S.A.R. começa a focar nesse objetivo, é por isso que você tem a impressão de que está vendo cada vez mais carros desses pela rua.

Inclusive, quando você começa a só ver problemas e tragédias na TV ou na Internet, seu sistema S.A.R. começa a filtrar cada vez mais disso para lhe mostrar, é por isso que algumas pessoas começam a achar que é o "fim do mundo". Na verdade, o foco delas está no negativo. Então comece a alimentar sua mente com positividade, o seu sistema S.A.R. agradece e vai lhe mostrar cada vez mais o lado bom da vida, tente e depois nos conte como está sendo.

Agora sim, ao planejar e criar o seu futuro projeto, procure algo que se encaixe em um modelo que tenha estas sete características do negócio perfeito:

1) É útil para um grande público
* Existem muitas pessoas que desejam ou precisam desse produto/serviço.

2) É escalável e replicável
* À medida que for crescendo, será possível atender centenas ou milhares de pessoas sem grandes dificuldades.

3) Tem faturamento recorrente
* Esse negócio permite crescimento com ganhos mensais ou anuais dos mesmos clientes.

4) Não depende apenas de você
* Se você precisar se ausentar por um tempo, o negócio vai continuar funcionando normalmente.

5) Fácil de ser gerenciado
* Qualquer pessoa com um pouco de treinamento conseguirá gerenciar o negócio com ou sem você.

6) Baixo investimento de início
* É possível iniciar esse negócio sem precisar de grandes quantias de dinheiro.

7) Baixo risco do investimento
* Até que o modelo seja bem validado, o risco de quebra ou prejuízos é pequeno ou moderado.

MARKETING DE AJUDA

Muito importante sobre o ponto zero:

Estamos concluindo esta etapa, mas antes precisamos deixar uma orientação muito importante: fazer a sua primeira escolha não significa isenção de dúvidas. Talvez tenham momentos que você vai pensar: "será que é isso mesmo?", "será que não deveria desistir disso?". Fique em paz, esse pensamento é normal, afinal, você é humano. Mas preste atenção aos sinais internos, você vai perceber que, lá no fundo da sua mente, uma voz vai sempre dizer: "continue!" Essa é a sua intuição. Na hora de escolher o seu ponto zero, ouça ela com atenção.

Perguntas-chave sobre o ponto zero:

Responda nas linhas a seguir e, se precisar, utilize um caderno de anotações. Caso ainda não tenha todas as respostas, não se preocupe, elas surgirão no momento certo, desde que você esteja sempre procurando!

Recomendo que você participe da nossa comunidade no Facebook onde vamos ajudá-lo em todos os passos.

Link da comunidade: **marketingdeajuda.com/comunidade**

1. Qual a sua ideia ou desejo de negócio?
_____
_____

2. Que tipo de ligação você tem com essa área?
_____
_____

3. Quais informações você tem sobre essa área?
_____
_____

4. Você vai ter condições de executar essa ideia?
_____
_____

5. Você acredita de verdade nessa área?
_____
_____

6. Você sentirá orgulho ao dizer que trabalha nisso?
_____
_____

7. Você ofereceria esse produto para quem mais ama?
_____
_____

8. Por que você deseja trabalhar com isso?
_____
_____

9. No lugar do cliente, você pagaria por esse produto?
_____
_____

MARKETING DE AJUDA

10. Quais metas você tem com esse produto?
_____
_____

11. Você está preparado para os desafios que virão?
_____
_____

12. Você fará sozinho ou precisará de ajuda?
_____
_____

Agora que passamos pelo ponto zero, podemos partir para a Etapa 01.

ETAPA 01: PROBLEMAS E DESEJOS OCULTOS

ETAPA 01: PROBLEMAS E DESEJOS OCULTOS

Agora que você já fez a sua escolha, chegou a hora de aprofundar na mente das pessoas que poderão comprar o seu produto ou serviço daqui em diante.

Vamos imaginar que no seu ponto zero você escolheu que irá revender sapatos, afinal, você já trabalhou com isso e gosta muito dessa área. Então vamos prosseguir com as próximas etapas do *Marketing* de Ajuda com base nisso.

Antes de pensar em como será o seu produto ou serviço, você precisa saber claramente qual problema ou desejo você irá ajudar a resolver.

Pular esta etapa simples é a razão de tantos negócios falirem antes mesmo de atingir dois anos de existência.

Seguindo o *Marketing* de Ajuda, você vai resolver isso de forma simples e fácil.

Nesta parte, vamos mais a fundo, vamos descobrir os problemas e desejos ocultos. São eles que fazem o seu negócio prosperar.

Tem algumas coisas que ninguém lhe fala, guarde isto:

> **"AS PESSOAS FALAM UMA COISA E SENTEM OUTRA, A VERDADE ESTÁ NO SENTIMENTO E NÃO NA FALA."**

Releia a frase anterior pelo menos mais uma vez. Agora, veja um exemplo:

MARKETING **DE AJUDA**

Quando uma pessoa diz que quer emagrecer, esse é o problema comum, não é o verdadeiro problema que está oculto por trás dessa frase.

Mas qual será o problema oculto de uma pessoa que fala que deseja emagrecer?

Podem ser inúmeras opções: vergonha de tirar fotos, vergonha dos amigos da escola, vergonha do companheiro ou companheira, sentimento ruim diante do espelho, dores no joelho etc.

O problema oculto vai além do óbvio!

A sua solução deve focar em resolver o problema ou desejo oculto, é nele que mora o desejo de comprar o seu produto ou serviço.

A maioria das pessoas falha ao tentar vender uma solução porque falam com o problema comum ou superficial. Quando você fala com o verdadeiro problema, você vende e faz dinheiro!

Como você faz para descobrir os problemas ocultos?

Pesquisando da forma certa!

Existem basicamente duas formas simples para você descobrir isso:

1. Perguntando para as pessoas (pessoalmente ou via *quiz*).
2. Analisando os comentários das pessoas em produtos parecidos.

Importante: quando você pergunta pessoalmente para alguém, existe a possibilidade de ela não lhe contar suas dores reais. Isso é normal.

Por isso, sempre pergunte se ela "conhece alguém" com determinado problema ou desejo e pergunte os detalhes: "o que especificamente atrapalha essa pessoa?".

Fazendo isso, você terá respostas mais honestas.

Dica: uma das melhores formas de fazer isso é lendo comentários em redes sociais ou *e-books* relacionados à sua ideia lá no site da Amazon. Ao fazer isso, você também verá dúvidas, dores e desejos reais, pois as pessoas tendem a "entregar o jogo" nesses comentários.

Ao contrário do que muitas pessoas pensam, você não deve pensar no produto ou na solução primeiro, você deve pensar 1º nos problemas e desejos do seu futuro cliente.

As pessoas só compram alguma coisa quando sentem que têm um problema incomodando ou um desejo se tornando cada vez mais forte em suas mentes.

Geralmente, o desejo também está ligado a um problema oculto. Por exemplo: quando você deseja fazer uma viagem, pode ser que esteja estressado com o trabalho ou cansado de ficar apenas em casa e quer resolver isso com uma bela viagem.

Quando você deseja comprar um celular novo, pode ser que o antigo esteja fora de moda e tenha vergonha de mostrá-lo aos amigos ou, quem sabe, tenha se estressado com os constantes travamentos.

Voltando à revenda de sapatos, quando a pessoa resolve comprar um sapato novo, pode ser que:

- Esteja a fim de alguém e não queira aparecer numa festa ou no trabalho com um sapato velho e desbotado;
- Talvez o sapato velho esteja fora de moda e ela fique com vergonha de parecer antiquada;
- Pode ser que ela esteja em uma nova fase da vida, buscando parecer mais séria e, por isso, queira sapatos mais sociais;

MARKETING **DE AJUDA**

- De repente ela esteja com dores nas costas ou pernas e o médico tenha recomendado sapatos mais macios.

Enfim, geralmente o desejo por comprar algo esconde um problema ou desejo oculto por trás. E é assim que funciona a mente humana. Portanto é atingindo os problemas e desejos ocultos que você faz mais vendas, seja na Internet ou no mundo físico!

Lá no final do livro tem um mapa de exemplo para uma revenda de calçados. Você também encontra esses e outros modelos no **marketingdeajuda.com/mapa**

Para ilustrar bem este capítulo, vamos ver a história da megaempresária americana Sara Blakely.

Em 1998, Sara tinha 27 anos e uma história de vida normal. Tinha um emprego, gostava de sair com os amigos, mas foi nesse ano, em um dia como qualquer outro, que sua vida começou a mudar radicalmente.

Ela foi convidada para um evento da empresa em que trabalhava. Queria se vestir bem, é claro, foi aí que começou o seu desafio. Ela vestiu uma roupa e percebeu que as coisas não ficaram como planejadas, pois ficou marcando muito o corpo. Enfim, ela não gostou.

Acabou optando por vestir uma meia calça para ver se melhorava. A escolha deu certo, ficou perfeito, inclusive a peça ajudou a modelar melhor o seu corpo. Porém percebeu que a ponta da meia não ia combinar com a sandália que havia escolhido, pois ficaria aparecendo a ponta da meia.

Sem saber o que fazer, acabou usando a sua criatividade, ela cortou uma parte dos pés da meia calça e, então, problema resolvido... quase, enquanto caminhava, a meia sem pontas acabava subindo e enrolando nas suas pernas, algo bem desconfortável.

Isso acendeu uma ideia na sua cabeça: "porque ninguém pensou nisso antes?".

Ela começou a pesquisar formas de resolver aquele problema que a incomodou. Sara sabia que se aconteceu com ela, com certeza também acontecia com muitas outras mulheres.

Repare que ela havia encontrado um "problema oculto", percebeu algo que incomodava as mulheres, mas que nem sempre elas reclamavam. Isso acontece com muitas pessoas e em muitos outros mercados.

Ela pesquisou alternativas e, em pouco tempo, já estava fabricando meias de náilon e lycra de forma manual no seu apartamento. No ano 2000, encontrou uma empresa que começou a produzir suas meias em grande escala. Nascia ali sua empresa, a Spanx. A partir de um pequeno problema, nasceu a sua ideia e o produto que ajudou milhões de pessoas pelo mundo, tornando Sara Blakely a primeira jovem bilionária que começou do zero a construção da sua fortuna.

Sim, tudo isso a partir de um simples problema com uma meia. 😊

Ao pesquisar e descobrir essas dores e desejos ocultos, ficará mais fácil para desenvolver a sua *big idea* (grande ideia ou ideia central), que será a essência do seu produto ou serviço. Quando você tem a ideia central, fica mais fácil desenvolver a sua solução e comunicá-la para o seu público-alvo.

Um bom exemplo sobre isso são os filmes, todos eles têm uma "ideia central". Por exemplo:

No filme Avatar, a ideia central era mostrar humanos destruindo outro planeta por causa de recursos naturais, uma indireta ao que fazemos com a Terra.

Vamos ver alguns outros exemplos bem conhecidos:

MARKETING **DE AJUDA**

A ideia central do chocolate M&M's é a seguinte: "derrete na sua boca e não na sua mão", já que a característica principal é não derreter fácil nas mãos.

É assim desde o lançamento do produto, durante a Segunda Guerra Mundial, em que esse era um benefício importante para os soldados.

A ideia central do café Starbucks é ser um ponto de parada entre o trabalho e a casa das pessoas.

Veja mais alguns exemplos comuns de "*big idea*":

- **Skol:** "a cerveja que desce redondo" (indica que a cerveja não dá aquela sensação de barriga estufada igual as outras).

- **Bombril:** "mil e uma utilidades" (indica que o produto pode ser usado de muitas formas e, por isso, tem muitos benefícios).

- **Apple:** "tornamos a tecnologia simples para que todos possam fazer parte do futuro" (é a característica principal dos produtos da Apple: simplicidade no uso, *design* e tecnologia inovadora).

- **Harley Davidson:** "Harley é a personificação mecânica do sonho americano: liberdade" (demonstra a sensação de liberdade que a moto oferece aos usuários).

Resumindo, quando você descobre os problemas e desejos ocultos das pessoas, você cria soluções que acertam exatamente naquilo que eles precisam e desejam. Além disso, quando você descobre a ideia central daquilo que você vai oferecer, a sua oferta fica mais clara e atrativa, atingindo diretamente o problema e desejo do cliente. O resultado disso é mais e mais vendas, além de valorização da sua marca.

Portanto você vai criar negócios muito mais assertivos e as suas chances de sucesso serão muito maiores.

Entendeu por que muitos negócios quebram antes mesmo de começar a dar lucro?

Justamente porque seus criadores pulam etapas de pesquisa, de entender os problemas ocultos do público. Querem apenas empurrar um produto qualquer como sendo milagroso, mas não funciona. As pessoas não estão nem aí para o seu produto, elas só estão preocupadas em resolver os seus problemas ocultos e melhorar de vez as suas vidas.

Portanto podemos resumir a Etapa 01 do M.D.A. em pesquisas para descobrir os problemas que incomodam o nosso público-alvo e também descobrir qual será a *big idea* (ideia central) do nosso produto ou a sua característica principal, aquilo que as pessoas vão bater o olho e reconhecer.

A partir de agora, é hora de você fazer a sua pesquisa.

Partindo para a ação (take action):

- Coloque aqui os problemas e desejos que o seu público-alvo tem, mas que não conta para ninguém.

- Descubra por meio de pesquisas com as pessoas e em produtos relacionados nas redes sociais e *e-books* na Amazon e GTrends.

Relembrando exemplos:

- Quem fala que deseja emagrecer, pode ter vergonha de postar fotos na Internet ou pode se incomodar com os olhares que recebe na rua.

MARKETING DE AJUDA

- Quem fala que deseja aprender informática, está em busca de emprego e ganhar dinheiro para comprar algo.

Perguntas-chave sobre a Etapa 01:

Lembre-se de que as respostas devem ser somente relacionadas ao produto ou serviço que você pretende oferecer.

1. O que tira o sono do seu público-alvo?
_____
_____

2. O que ele odeia que aconteça?
_____
_____

3. O que ele mais deseja que aconteça?
_____
_____

4. Do que ele sente vergonha?
_____
_____

5. Do que ele sente orgulho?
_____
_____

6. O que incomoda ele no dia a dia?
_____
_____

7. Onde você pesquisou essas respostas?
_____
_____

ETAPA 02:
PÚBLICOS DE INTERESSE

ETAPA 02:
PÚBLICOS DE INTERESSE

Você já deve ter ouvido a frase: quem fala com todo mundo, não fala com ninguém.

Neste caso, essa frase vai fazer muito sentido. Você precisa saber quem é o seu público de interesse e qual é o seu cliente perfeito.

Se você pudesse escolher para qual cliente você iria vender o seu produto agora, como ele seria? Descreva seus gostos, hábitos, comportamentos, idade, profissão etc.

Quanto mais clareza ao enxergar o seu cliente perfeito, mais persuasiva e compreensiva será a sua mensagem e sua oferta, ou seja, mais você vai vender e lucrar.

É claro, você pode e deve ter vários "clientes perfeitos". Para isso, deverá ter várias mensagens diferentes para cada um. Vamos a um exemplo bem conhecido: quando Flávio Augusto começou a sua escola de inglês Wise Up, ele não vendeu apenas "curso de inglês". Ele vendeu "curso de inglês para adultos em apenas 18 meses".

Repare que ele foi específico, isso tirou ele do "oceano vermelho" onde havia centenas e milhares de escolas de inglês e o colocou num "oceano azul".

Imediatamente as pessoas entendiam a sua oferta, seu diferencial, seu propósito. A mensagem era muito mais clara e direta.

Repare que nem sempre é fácil decidir essa parte, visto que, ao escolher um público, você também está descartando outros. Porém, quando o assunto é *marketing* e vendas, isso faz parte do jogo e é uma parte fundamental.

Por exemplo, o foco de um adolescente ou uma criança em aprender inglês é totalmente diferente de um adulto que tem pressa porque já tem objetivos como um novo trabalho, uma nova oportunidade, uma viagem ou, quem sabe, mudar para outro país.

Um jovem geralmente vai fazer inglês para prestar vestibular ou apenas porque os pais estão insistindo, ele nem sabe por que está indo naquele curso.

No exemplo da escola do Flávio, apesar de saber que existem milhões de crianças e jovens como público-alvo, ele deixou de lado e focou no público perfeito: "adultos com pressa".

É claro que, futuramente, também poderia ter criado produtos diferentes para atender outros públicos. Geralmente é o que as empresas de sucesso fazem, elas começam focando em um público específico, depois vão criando outras soluções para ampliar o público, mas sem perder o foco e a essência do negócio, que são a sua base para o sucesso.

Outro exemplo parecido e muito conhecido é o do Cirque du Soleil. Quando foi escolher o seu público, ao invés de seguir os passos dos outros circos e focar nas crianças e jovens, ele focou nos adultos com mais dinheiro. Eles perceberam, através de pesquisas, que essas pessoas gostariam de ter um "circo só para elas", algo mais moderno. Nasceu ali um dos circos de maior sucesso no mundo inteiro.

Esse é o seu grande desafio nesta etapa, descobrir quem é o seu cliente perfeito.

Descubra um, foque nele inicialmente, depois vá desbravando outros públicos, mas sempre seja específico na sua mensagem.

Anote esta frase: "se é fácil de entender, é fácil de vender".

Existe outro ponto muito importante a ser levado em consideração na hora de pensar no seu público: o nível de consciência do problema.

Algumas pessoas até têm um problema, mas ainda não identificaram ou não estão em busca de solução.

Vamos ver um exemplo:

Uma pessoa que está acima do peso, mas ainda não pensou ou não quis buscar uma forma de emagrecer, talvez não dê atenção para um anúncio sobre emagrecimento.

Nesse caso, você precisará apontar um problema oculto que conecte com um dos seus medos ou desejos. A partir daí, você **gerou demanda** e ganhará a atenção dela (veremos mais detalhes adiante).

Um exemplo de problema poderia ser a hipertensão ou o risco do colesterol alto, algo relacionado à saúde. Cada pessoa tem seus motivos diferentes que podem gerar o desejo por emagrecer.

Nem sempre é por causa de estética, o medo de ficar doente é um dos maiores medos do ser humano. Por isso, neste exemplo, poderia chamar a atenção de forma sincera e honesta.

Exemplo prático:

Imagine que você é um fisioterapeuta e está criando um *e-book* sobre dores na coluna e quer vendê-lo na Internet.

- **Público de interesse:** pessoas acima de 30 anos que sofrem com dores nas costas.
- **Cliente perfeito:** homem acima de 40 anos com filhos, casado, mora em São Paulo.
- **O problema comum (o que ele conta):** dor nas costas.

MARKETING **DE AJUDA**

- **Os problemas ocultos (o que ele sente):**

    - Insônia por não conseguir dormir direito;

    - Sente falta de praticar esportes, pois não consegue;

    - Quer brincar com os filhos e não tem conseguido;

    - Limitação de movimentos no dia a dia.

Repare que, após organizar as informações corretamente, fica muito mais fácil para desenvolver o produto certo e também para divulgar a solução única de forma mais clara possível, afinal, você sabe exatamente quais problemas ocultos vai resolver.

Como você descobriu essas informações? Nas suas pesquisas lá na etapa 01, quando focou em encontrar os problemas ocultos que incomodavam as pessoas que sentiam dores nas costas.

Agora, é hora de responder as perguntas cruciais sobre o público que você vai ajudar.

Partindo para a ação (take action):

Com base nos problemas ocultos, informe detalhes sobre o público principal, exemplo:

1. Como seria o seu cliente perfeito?
_____
_____

2. Qual a idade da maioria do seu público?
_____
_____

3. Como é o dia a dia da maioria dessas pessoas?
_____
_____

4. Elas trabalham com algo específico?
_____
_____

5. Elas têm algum hábito específico?
_____
_____

6. Elas têm algum comportamento específico?
_____
_____

7. Onde essas pessoas moram?
_____
_____

8. Qual o estilo de vida desse público?
_____
_____

9. Qual o nível de consciência do problema?
_____
_____

MARKETING DE AJUDA

10. Qual a renda média?
_____
_____

11. Qual a escolaridade média?
_____
_____

Agora, entramos na terceira etapa. Note que até aqui estamos planejando a nossa solução única, ainda não entramos na etapa de ações efetivas de venda.

ETAPA 03: SOLUÇÃO ÚNICA

ETAPA 03: SOLUÇÃO ÚNICA

Esta é a etapa onde falaremos sobre o seu produto ou serviço, ou seja, a solução que irá ajudar o seu cliente, repare que só falamos sobre isso na terceira etapa, depois de conhecer os problemas e desejos ocultos e o público de interesse.

Na maioria das vezes, por falta de conhecimento e planejamento, as pessoas começam pelo produto, definem o produto e depois saem à caça de pessoas para tentar vender.

Um exemplo bem comum são pessoas que abrem lojas, investem altíssimo em estoque, fachada, funcionários, sistemas, estrutura e fecham a empresa em menos de dois anos.

Isso acontece porque geralmente essas pessoas pularam essas etapas de planejamento.

Como ainda não entendem bem os gatilhos que ativam o desejo da compra, a pessoa erra muito na oferta e perde dinheiro com anúncios que só dão prejuízos.

Tenho certeza de que enquanto lê esta parte, você foi lembrando de casos parecidos aí na sua cidade, pessoas que você conhece que abriram algum negócio pensando apenas "vou ganhar dinheiro com isso porque o fulano também está ganhando" ou ainda "esse negócio vai dar certo porque o produto é muito legal", porém a ideia e sonho acabam virando frustração e dívidas.

Lembre-se de planejar o seu ponto zero e descobrir os problemas ocultos do seu público de interesse, afinal, você não está fazendo o produto para você, está fazendo para o seu cliente ideal. Por isso, o seu produto deve ser único e perfeito para ele.

Conforme o orçamento que a pessoa usa para abrir o negócio, caso erre nessa etapa, acaba não tendo tempo e dinheiro para corrigir o *marketing* e a comunicação do produto, para, enfim, chegar no público certo. Por isso, acaba falindo antes.

Essa é a realidade de muitos novos empreendedores que começam no mercado, porém, quando você faz na sequência certa, as chances de acertar são infinitamente maiores. As possibilidades de lucro também.

Criar uma solução única, com base nas pesquisas e nos problemas e desejos reais das pessoas, é algo que nunca pode passar despercebido. Caso contrário, mesmo empresas experientes podem "escorregar" e ter prejuízos.

Veja um exemplo real do que aconteceu com a Philips, a gigante dos eletroeletrônicos:

Quando a Philips lançou o CD-i, ele era uma maravilha da tecnologia, tinha várias funções como: *player* de vídeo, sistema de música, aparelho de jogo e ferramenta de ensino, tudo em um único produto. Era perfeito, porém, as vendas não aconteceram como o esperado.

Suas tarefas eram tão diversas que era até difícil de compreender sua operação. Além disso, os títulos dos seus *softwares* não eram nada atrativos, ou seja, por mais que fosse um produto cheio de recursos, os clientes não se interessaram por ele.

Esse é um exemplo comum de um produto que o empreendedor supõe que vai vender bem por ter muitos "penduricalhos", porém não vendem porque não fazem sentido claro e simples na cabeça do cliente.

Portanto excesso de tecnologia, beleza e recursos não bastam, o produto precisa ser perfeito para resolver um problema específico e claro na mente do cliente. Além disso, precisa ser simples de ser consumido, não oferecer barreiras ou risco para o uso.

No livro *A estratégia do oceano azul* é citado o Mapa de seis estágios de utilidade para o comprador, algo que se encaixa perfeitamente nesse exemplo. Vamos conhecer os estágios:

1. **Compra:** a aquisição do produto deve ser simplificada ao máximo, o ambiente de compra deve ser seguro, aconchegante, atrativo, rápido.
2. **Entrega:** a entrega deve ser rápida, sem dificuldade, as informações e regras sobre a entrega devem ser claras e transparentes.
3. **Uso:** a utilização, armazenamento (se houver) deve ser simplificada, a eficácia deve ser perceptível. Será que tem recursos ou funções desnecessárias?
4. **Suplementos:** o cliente vai precisar de produtos extras para usar? Onde vai encontrar, quais os custos? Isso vai incomodar? Vai sempre existir?
5. **Manutenção:** o produto vai exigir manutenção? De quanto em quanto tempo? Qual o grau de dificuldade para isso? Quais os custos?
6. **Descarte:** no caso de existir a necessidade, o produto será descartado normalmente? Precisa de algo especial para descartar? Terá custo, risco ou dificuldade?

Repare que é possível adaptar esses seis estágios em absolutamente qualquer produto ou serviço. Claro, com alguns estágios mais específicos para determinados produtos.

Mas como descobrir se o seu produto ou serviço cumpre bem esses seis estágios?

MARKETING **DE AJUDA**

Resposta: pesquisando diretamente os problemas e desejos ocultos dos seus clientes alvo.

Você deve fazer os produtos com foco nas necessidades do seu cliente, não apenas naquilo que você acha legal ou acha que vai vender.

O *marketing* deve ser pensando em cima de fatos e não "achismos". Fazendo bem feita essa parte da pesquisa, suas chances de acertar no produto perfeito serão infinitamente maiores.

Inclusive, na hora de fazer a sua oferta, será muito mais fácil comunicar a sua solução com clareza, visto que você criou o produto com base nas reclamações dos próprios clientes.

Uma das formas muito eficazes de atrair clientes para comprar um produto ou serviço é falar da dor antes de oferecer a solução. Parece até óbvio, mas muitas vezes esquecemos desses pequenos detalhes.

Quando você cita a dor que a pessoa tem e depois oferece a solução, automaticamente ela tem o seguinte pensamento: "isso realmente faz sentido, eu quero".

Mais à frente veremos exemplos práticos.

A solução única é aquela que resolve os problemas ocultos e atende às expectativas do público de interesse, ela é o casamento dessas primeiras duas partes.

Além disso, um dos pontos-chave é a sua solução ser diferente e você mostrar porque ela é melhor do que outras disponíveis no mercado.

Vamos reforçar essa parte, pois ela faz a diferença entre um produto que vai lucrar muito e outro que vai perder bastante dinheiro.

A SUA SOLUÇÃO DEVE SER DIFERENTE DAS OUTRAS. ALÉM DISSO, VOCÊ DEVE MOSTRAR PORQUE ELA É A MELHOR OPÇÃO PARA O SEU CLIENTE.

E existe mais um ingrediente muito importante neste momento:

Quais são **os inimigos que estão impedindo o seu cliente de conquistar** o resultado que ele deseja?

Quais foram os produtos ou serviços que o cliente já usou de forma errada que ainda não lhe trouxeram a solução? Por que ele ainda não obteve sucesso?

Para exemplificar, vamos usar a solução do Vinicius Possebon, o Queima de 48 horas, um produto digital de emagrecimento de muito sucesso.

O Q48 é um programa de exercícios feito em casa, sem ajuda de aparelhos, onde a pessoa faz cerca de 15 minutos por dia e queima gordura por 48 horas, mesmo se estiver descansando.

Como diferencial do seu produto, ele explica sobre o efeito *afterburn*, apresenta estudos científicos que comprovam que sua teoria tem um fundamento, não é apenas fruto da sua imaginação. Isso transmite mais confiança.

Ele apresenta o seu produto como sendo único e diferente de tudo que as pessoas já usaram. Por não ser comum, ele provavelmente será a solução que elas tanto buscavam.

Ele também cita em suas ofertas porque outras soluções comuns do mercado acabam não funcionando ou até causando problemas de saúde nas pessoas, tais como algumas dietas malucas ou exercícios que machucam o corpo.

Ao pesquisar o público de interesse, ele descobriu que as pessoas tinham pressa, não tinham tempo para ficar horas numa academia. Algumas também não gostavam da rotina de sair de casa para a academia todos os dias, afinal, tinham outros compromissos mais importantes.

Repare que a oferta da solução é perfeita para resolver os problemas do público dele:

MARKETING **DE AJUDA**

- É rápido, são apenas 5 a 15 minutos por dia;
- É mais cômodo, não precisa ir até a academia;
- É mais discreto, ninguém vê a pessoa se exercitando;
- É mais econômico, não precisa pagar academia;
- É mais fácil, pois queima gordura enquanto descansa.

Repare que a oferta resolve vários problemas ocultos e atende vários tipos de clientes:

- Quem tem pressa para emagrecer;
- Quem não tem tempo de se exercitar;
- Quem tem vergonha de se exercitar na frente dos outros;
- Quem não tem dinheiro ou não quer gastar agora;
- Quem não gosta de se exercitar.

Claro que, além disso, ele usa diversos outros argumentos de venda, mas aqui ficou claro que a solução deve ser perfeita para resolver os problemas ocultos dos clientes perfeitos.

Antes de lançar o seu produto no mercado, é fundamental responder algumas perguntas que façam ele se destacar dos outros. Lembre-se: as pessoas querem se sentir especiais e, por isso, querem algo que atenda suas necessidades mais ocultas.

Se você mostrar que é melhor que os outros e que, em muitos casos, os outros podem ser prejudiciais ao cliente, obviamente fazendo isso de forma ética e com fatos que possam ser comprovados, você vai se destacar da multidão e seu produto será um grande sucesso de vendas e lucro.

Partindo para a ação (take action):

Com base nos problemas ocultos e nos detalhes do público, crie sua solução única:

1. Qual a ideia central da sua solução?
   _____
   _____

2. Por que ela é única e melhor que outras?
   _____
   _____

3. Quais os principais benefícios?
   _____
   _____

4. Quais as principais vantagens?
   _____
   _____

5. Ela contém algum segredo especial?
   _____
   _____

6. Ela é realmente útil para o público?
   _____
   _____

MARKETING **DE AJUDA**

7. A solução cumpre com o prometido?
_____
_____

8. Ela é fácil de ser utilizada?
_____
_____

9. Você venderia para quem você mais ama?
_____
_____

10. Existem problemas ao utilizar?
_____
_____

11. A entrega pode ser escalável?
_____
_____

12. Existem provas de que funciona?
_____
_____

13. Tem garantia de funcionamento?
_____
_____

14. Como você descobriu essa solução?
_____
_____

15. Existem ou você consegue recomendações de autoridades?
_____
_____

16. Qual será o preço dessa solução?
_____
_____

17. Você já tentou vender para alguém?
_____
_____

18. Já identificou defeitos nos concorrentes?
_____
_____

19. Possui um nome diferente e misterioso?
_____
_____

20. Consegue explicar com apenas uma frase?
_____
_____

MARKETING **DE AJUDA**

21. Como será a vida da pessoa após usar?
_____
_____

22. Como ela foi produzida?
_____
_____

Até aqui, planejamos a nossa solução perfeita. Agora, vamos ver, na prática, como atrair as pessoas certas para verem a oferta.

ETAPA 04:
GERAÇÃO DE DEMANDA

ETAPA 04: GERAÇÃO DE DEMANDA

Em uma entrevista do Flávio Augusto com o Seiiti Arata, disponível no YouTube, tem um momento que o Flávio fala o seguinte:
"Empiricamente falando, para cada cliente que vem até você porque está precisando resolver um problema, existem outros 200 que ainda não perceberam o problema."

Essa informação é crucial nesta etapa do nosso *marketing*, afinal, é a partir desta etapa que vamos colocar a mão na massa e divulgar o nosso produto ou serviço. É aqui onde começamos atrair os nossos clientes para fazer uma oferta a eles.

Logicamente, partindo do princípio de que você já está pronto para fazer isso, que o seu produto já está pronto para ser vendido para o mundo, então, vamos ver os processos.

Conforme diz a frase do Flávio Augusto, existe um público muito maior que ainda não tem interesse no nosso produto, porém esse público existe e está aguardando que você desperte o seu interesse para comprar.

É aí que entram as estratégias para geração de demanda.

O primeiro passo é você definir quais serão as mídias para geração dessa demanda (interesse do público pelo seu produto ou serviço).

Apenas para efeito de comparação, anúncios em mídias digitais saem em média 80% mais baratos que mídias *off-line* e têm outra grande vantagem: permitir uma mensuração muito melhor. Isso é fundamental, pois se você começa usar uma mídia e percebe que está errando, é fundamental deixar de gastar com ela até fazer os ajustes. No digital, isso é possível; no *off-line*, não.

Para entender melhor, por exemplo: se você manda imprimir 10 mil folhetos em uma gráfica e depois de distribuir 2 mil percebe que não apareceu nenhum cliente na sua porta, não tem como devolver os outros 8.000 folhetos que ainda não foram entregues. Porém, no digital, isso é 100% possível.

No Facebook, Instagram, Google, Taboola ou outras mídias digitais, por exemplo, você pode investir R$ 100,00 e mensurar o resultado. Se não for o esperado, pode fazer alterações na chamada até ter certeza de que o público ideal está sendo impactado. Este é um dos principais benefícios desses anúncios.

Sendo assim, vamos manter o nosso foco em anúncios de Facebook, Instagram e Google. Lá na etapa 6, vamos conhecer uma estratégia e ferramenta que irá auxiliar muito nesse processo.

Nesta etapa 4 é onde vamos rodar esses anúncios ou, caso você não tenha dinheiro, poderá começar promovendo seu produto ou serviço com estratégias gratuitas.

Fique em paz, há estratégias para gerar demanda investindo e outras que não precisa investir. Por exemplo:

- Anúncios pagos no Facebook e Google;
- Anúncios pagos no Google ou Taboola;
- Anúncios pagos com *influencers* digitais;
- Anúncios grátis no boca a boca;
- Anúncios grátis em grupos do Facebook;
- Anúncios grátis com estratégias de indicação.

Em todos os modelos de anúncios existem técnicas para executar da forma correta. Vamos ver a seguir alguns modelos de chamadas para você executar.

Talvez você esteja pensando: "mas eu não sei anunciar nessas ferramentas, nunca fiz isso".

Caso este seja o seu caso, preste muita atenção neste próximo parágrafo:

Tudo, absolutamente tudo o que você precisa saber está disponível de graça no YouTube ou em cursos que custam o preço de uma pizza. Portanto o conhecimento está ao seu alcance. Procure no YouTube sobre "como criar um anúncio no Facebook, Instagram e Google". Depois, se achar interessante, pesquise também "Como criar um anúncio no Taboola" (um pouco mais complexo, mas vale testar).

Dentro do curso do *Marketing* de Ajuda (no **marketingdeajuda.com**), nossos alunos aprendem esses processos passo a passo também.

Inclusive nessas ferramentas é muito fácil de separar a comunicação entre público frio, morno e quente. Principalmente no mundo digital, isso é fundamental, afinal, as pessoas que ainda não conhecem você ou o seu negócio, dificilmente compram por impulso, como acontece muito no mundo físico.

Sabe quando você nem está pensando em comprar algum produto, mas vê algo interessante ao passar por uma vitrine, numa loja que você nunca viu, e decide comprar na mesma hora? Pois é, na Internet isso é mais difícil de acontecer, pois as pessoas têm medo de não receber o produto, ou por não poderem testar na hora ou ver a qualidade. Enfim, na Internet, as pessoas tendem a comprar de quem elas já conhecem um pouco mais, ou seja, quando elas já são um público mais morno ou quente.

MARKETING **DE AJUDA**

- **Público frio** são aquelas pessoas que não conhecem e ainda não confiam em você, nem o seu produto ou serviço, ou que nunca demonstraram qualquer interesse no que você oferece.

- **Público morno** já conhecem um pouco, talvez já tenham feito alguma interação, acessado seu *site* ou curtido sua rede social, mas ainda não iniciaram uma negociação, nem compraram com você.

- **Público quente** é aquele que já conhece bem, já interage com você com mais frequência, já iniciou uma negociação ou demonstrou interesse ou até já comprou algo que você vende.

Usando as ferramentas digitais, é possível definir exatamente qual anúncio será mostrado para qual público. Isso é maravilhoso em termos de *marketing* e vendas e está à sua disposição, basta ver alguns tutoriais e colocar em prática.

Exemplos de ferramentas digitais muito úteis, caso você venda pela Internet: Google Analytics para conhecer o perfil das pessoas que estão chegando no seu site; Pixel de Facebook; e Google para "marcar" as pessoas que acessaram determinadas páginas do seu *site*.

Usando essas ferramentas, você consegue identificar quem já iniciou uma compra ou adicionou produtos no carrinho, quem se cadastrou para acessar um bônus, quem comprou o produto e como ela chegou até você etc.

Deixando de lado as questões técnicas das ferramentas, vamos focar na essência da mensagem, ou seja, como que você deve comunicar para conseguir atrair as pessoas para o seu negócio.

Existe um passo a passo padrão que deve ser seguido para comunicar corretamente essa oferta ao público, de forma que ele compreenda e sinta o desejo de comprar.

Um dos erros comuns neste momento é ficar falando das vantagens do produto, do quanto ele é incrível. Porém isso simplesmente não importa para as pessoas, elas não estão nem aí se o seu produto é lindo, se foi feito com tecnologia alienígena, elas só querem saber uma única coisa: "vai melhorar minha vida?".

Esse é o único foco que você deve dar na hora de divulgar.

Outro ponto muito importante é que, muitas vezes, as pessoas tentam divulgar o produto sem antes comunicar o que ele faz. Então, a seguir, você terá alguns exemplos de chamadas padrões que já foram 100% testadas na prática e funcionam muito bem em qualquer nicho de mercado, basta adaptar.

Você precisa comunicar a dor para que a pessoa se identifique e tenha o seguinte pensamento: "é isso mesmo que eu sinto, é disso que eu preciso."

Isso se chama "gerar demanda", ou seja, você vai despertar o público que precisa da solução, afinal, nem todo mundo está no ponto de comprar o seu produto (consciência do problema e do produto).

É justamente aí que mora o grande erro da maioria das pessoas: tentar vender uma solução antes de expor um problema.

Por favor, releia a frase anterior, ela é fundamental!

Ninguém compra absolutamente nada que não esteja precisando. Portanto é extremamente importante: antes de falar da sua solução, fale do problema e da pessoa que sente o problema. Após isso, será 10 vezes mais fácil vender o seu produto.

Fazendo isso, você gera mais desejo pela compra, pois muitas pessoas que talvez nem estivessem interessadas no seu produto podem ter o desejo despertado a partir do momento em que você estimula o problema e cita os inimigos que estão impedindo a solução.

Fazendo a geração de demanda, além de aquecer o público frio, você aumenta os níveis de consciência do consumidor.

MARKETING DE AJUDA

Para entender melhor, vamos usar como exemplo uma pessoa que tem dor nas costas:

1º nível - Inconsciente do problema e da solução:

Este é o maior de todos os públicos, é onde estão milhões de pessoas que têm dores nas costas, mas nunca deram atenção, nem procuraram uma solução.

O público inconsciente não está nem aí para chamadas sobre dores nas costas, não dá atenção para conteúdos sobre isso, nunca foi no médico, não pesquisou no Google, ele está com o problema adormecido, como se não existisse.

Este público é ignorado pela grande maioria das empresas, que acabam fazendo de tudo para vender para quem já descobriu a dor e está buscando uma forma de resolver, porém, este público é o maior de todos.

Quando você chama atenção deste público e desperta o interesse, seu potencial de vendas e lucros é infinito.

Como você faz para atrair este público?

Resposta: citando os seus problemas e desejos ocultos nos seus anúncios e chamadas (exemplos a seguir).

Percebeu a importância de descobrir os problemas que afligem as pessoas? Quando você sabe essas informações, a comunicação sempre ficará clara e objetiva.

2º nível - Consciente do problema e inconsciente da solução:

Essa pessoa sabe que tem algum problema nas costas, mas ainda não buscou a solução. Talvez o problema ainda não a incomode tanto, por isso, não é uma prioridade.

Nesse caso, se você a despertar para o produto, terá grandes chances de vender, afinal, ela já sabe que tem o problema.

Da mesma forma, você precisa comunicar o problema oculto, seguido pela sua solução.

Esse também é um público bem maior que o próximo.

3º nível - Consciente do problema e da solução:

Essa pessoa sabe que tem um problema nas costas e já pesquisou soluções. Ela está a ponto de comprar, você só precisa convencê-la que tem a solução ideal.

A maioria das pessoas foca apenas nesse público, pois é mais fácil vender para esse nível de consciência, porém ele é o menor dos três públicos.

Viu a importância de seguir as etapas do M.D.A.?

Após comunicar a dor e atrair a atenção do público certo, é preciso cadastrar e atrair essas pessoas para uma conversa, mas antes vamos ver alguns exemplos de chamadas para você usar.

Partindo para a ação (take action):

Observe os exemplos a seguir. Todos eles utilizam o padrão A.I.D.A., que significa: Atenção, Interesse, Desejo e Ação. Ao usar esse padrão internacional, você "hipnotiza" o público e o atrai para a sua oferta. Vamos ver exemplos práticos:

Exemplo 01 (chamada simples para um anúncio por texto ou vídeo)

"Você que busca xxxx e quer realizar xxxx, vem aprender xxxx, você vai aprender também xxx e xxxxx. Clique e venha conhecer xxx."

MARKETING **DE AJUDA**

"Você que busca se livrar totalmente das dores nas costas e quer uma vida mais ativa e feliz, venha aprender a inovadora técnica oriental dos 5Ms. Você também vai aprender um alongamento de apenas sete minutos diários e uma forma de sentar-se que ajuda a curar a sua coluna enquanto descansa. Clique e conheça o Manual da Coluna do Dr. José".

Exemplo 02 (modelo de estrutura simplificada)
Você vai continuar com "problema" ou quer aprender "desejo"?

Você vai continuar sofrendo com dores nas costas ou quer se livrar completamente das dores e ter uma vida mais ativa e feliz por meio da nova técnica oriental dos 5Ms?

Dica: tem que identificar o problema oculto e a solução perfeita. Use sempre a estrutura "problema x solução".

Exemplo 03 (quebra de expectativa)
Imagine uma chamada em vídeo da seguinte forma:

Aparece um homem bem forte e ele levanta um carro com as mãos. Em seguida, aparece uma chamada falando: "Se você tem dores nas costas, clique no botão abaixo e veja como resolver isso de uma vez por todas!".

A chamada por vídeo, usando um homem erguendo um carro, é uma quebra de expectativa, é diferente. Esses modelos chamam muito a atenção e funcionam muito bem, principalmente na internet. Sabe por quê?

Porque geralmente, para se oferecer uma solução para dores nas costas, eles enfatizam apenas na dor nas costas e falam de um produto, ou seja, do óbvio. Porém o óbvio todo mundo faz!

Quer ver exemplos de comerciais supercriativos e que quebram totalmente o padrão?

Pesquise no YouTube por "Contrex" e veja os vídeos de comerciais de uma marca de água mineral, isso é pensar fora da caixa.

Link direto de um vídeo: https://youtu.be/d6N6wk5leR8

Exemplos 04 (controvérsia)

Desde que tenha fundamento, aponte "inimigos" que atrapalham seu cliente de chegar ao objetivo.

"Todo mundo pensa que fazer alongamento todos os dias e academia pode resolver as dores nas costas, porém isso pode até piorar gravemente a situação. Acesse o nosso manual e livre-se de vez das dores nas costas, sem correr riscos para a sua saúde."

"Se você tem mais de 40 anos e está fazendo exercícios para se manter jovem, acesse este *e-book* e descubra três exercícios que podem estar fazendo exatamente o contrário e envelhecendo-o mais rápido."

"Se você quiser continuar com a sua virilidade, descubra os três líquidos que você pode estar ingerindo que estão aumentando a sua feminilidade."

Exemplo 05 (qualificando o cliente)

"Se você sente dores nas costas e sabe que isso incomoda muito no dia a dia, conheça a nova técnica oriental chamada 5Ms, ensinada pelo Dr. João da Silva e que ajuda a resolver o problema de coluna em até 30 dias, sem qualquer contraindicação. Acesse a aula para conhecer agora mesmo."

Exemplo 06 (pergunta positiva seguida de quebra de objeção)
"Você quer se livrar de vez das dores da coluna e voltar a ter uma vida plena e feliz, mesmo que não tenha tempo para exercícios e alongamentos, mesmo que não possa se exercitar ou que simplesmente não goste de perder seu tempo com academias e outros exercícios?"

Exemplo 07 (afirmação positiva seguida de quebra de objeção)
"Liberte-se de vez das dores da coluna e volte a ter uma vida plena e feliz, mesmo que você não possa ou não goste de fazer exercícios físicos e alongamentos chatos."

* Nota: o ideal é ir testando os anúncios com essas promessas para ver quais convertem mais para o seu produto e nicho de mercado.

Vamos falar mais um pouco sobre as mídias que você pode usar para atrair seus clientes.

Antigamente você podia atrair essas pessoas usando:

- Folhetos, *outdoors*;
- Rádio, TV;
- Jornal, carro de som etc.

Porém essas mídias já não funcionam muito bem, a atenção das pessoas está no digital, principalmente no celular, além da questão que já falamos: na mídia *off-line*, não é possível mensurar tão bem o resultado de cada ação de *marketing*.

Portanto a solução é usar a Internet da forma correta para fazer negócios, independentemente do seu nicho de mercado!

Fique tranquilo, muita gente ainda está perdida nesse mundo *on-line*. O que era para facilitar acaba tirando o sono de muita gente, mas tem solução.

Os grandes vilões da Internet são:

- Ferramentas complexas;
- Excesso de informações;
- Estratégias difíceis de aplicar;
- Atualizações constantes;
- Anúncios, tráfego, *copy* etc.

Aqui o William conta um pouco sobre como foi a sua primeira experiência com o *marketing* digital. Olhe o exemplo:

Durante a minha vida toda, mais de quarenta anos de trabalho, sempre foi 100% no mundo presencial, como funcionário no início de carreira, depois empresário cuidando dos meus negócios, palestrante, conferencista, consultor e mentor.

Venho da geração "X". Na minha época não existia Internet, Windows, celular, era tudo na base da carta, Correio, fax, telex. Para ter um telefone você precisava comprar uma linha caríssima primeiro.

Isso quer dizer que TUDO o que construí e ganhei foi no mundo físico, fora do digital, sem ter um único seguidor ou uma rede social ativa.

MARKETING **DE AJUDA**

Só que chegou um momento na minha vida, mais precisamente em 2015, que resolvi aprender um pouco sobre o marketing digital, partindo do ABSOLUTO ZERO.

Vi um anúncio sobre um curso: CONGRESSO DE AFILIADOS 3.0. Para começar, nem sabia o que significava AFILIADOS, mas gostei do nome e acabei comprando.

Foi aí que vivi e sofri minha primeira grande frustração do mundo digital. Na promessa de venda parecia tudo muito simples e fácil, o que não me disseram é que para entender esse curso e colocá-lo em prática teria que comprar e estudar uma infinidade de outros assuntos.

A cada vídeo que assistia, aparecia um termo que eu nunca tinha ouvido falar: tráfego pago, tráfego orgânico, Facebook ADS, Google ADS, autorresponder e e-mail marketing, teste A/B (só conhecia os tipos de sangue), copywriting, landing pages, squeeze pages, pixel, remarketing, checkout etc...

Tudo aquilo me deixou maluco e meio que frustrado, afinal, percebi que não entendia nada e que precisaria resolver aquilo com urgência, até porque, ao que tudo indicava, a Internet iria impactar os negócios cada vez mais.

Paguei na época R$ 997,00. Apenas para efeito de comparação, era mais de um salário-mínimo, que na época era R$ 788,00.

Foi a partir daí que comecei a conversar com o Elias, pois sabia que ele era especialista em negócios digitais. Acabamos dando início ao nosso projeto em agosto de 2015.

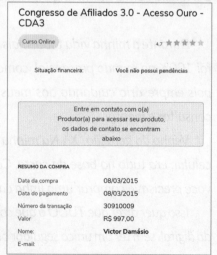

Contei essa rápida história para reforçar ainda mais sobre a importância de você entender da base do *marketing* e da comunicação de negócios.

Quando você sabe isso, você simplesmente vende absolutamente qualquer coisa para qualquer pessoa e em qualquer meio, físico ou digital.

Como falamos no começo, ferramentas podem acabar, redes sociais podem acabar, mas a comunicação e o *marketing* sempre serão os elos de conexão entre pessoas com problemas e pessoas com soluções.

Na hora de divulgar a sua campanha, você pode usar ferramentas de tráfego direto ou orgânico para levar visitas para o seu negócio. Se ainda não sabe como fazer, não se preocupe, por enquanto, basta dar aquela busca no YouTube e tirar alguns minutos para aprender. Pode acreditar, é bem mais simples do que você imagina.

Aproveito para lembrar que, além deste livro, você também tem a opção de fazer o curso *on-line* em vídeo aulas no nosso site oficial **marketingdeajuda.com**

Caso você se torne aluno, vai ganhar um curso de *marketing* digital onde aprenderá as técnicas de tráfego direto, tráfego orgânico e *copywriting*.

Dica muito importante

O foco de todas as chamadas deve ser para atrair pessoas para uma lista ou um grupo, de forma que você gere o cadastro dessa pessoa. Para isso, você pode oferecer um benefício, como um mini *e-book* ou uma aula gratuita, ou, ainda, outro brinde que se adéque no seu nicho.

Essa geração do cadastro da pessoa será fundamental para que possamos concluir as sete etapas do *Marketing* de Ajuda. Nunca ignore essa função, pois ela pode representar mais da metade do seu faturamento.

Sim, geração de contatos é fundamental para absolutamente qualquer negócio, porém é ignorada por muitos, principalmente para os pequenos negócios locais.

É muito normal, em pequenas lojas, por exemplo, um cliente ligar para saber de um preço e o atendente apenas passar o valor sem fazer qualquer pergunta ou sem antes cadastrar o cliente. Esse é um erro fatal que custa caríssimo para qualquer negócio.

GERAÇÃO DE CONTATOS (LEADS) É UMA DAS BASES DE SUCESSO DE EMPRESAS QUE VÃO UTILIZAR O MARKETING DE AJUDA.

Comece a adotar a cultura de gerar contatos diariamente no seu negócio. Não importa em qual nicho você atua, quanto mais contatos, mais vendas e mais dinheiro.

Inclusive na etapa 6 e 7 vamos aprender como aproveitar melhor os contatos gerados nas etapas anteriores.

Resumo desta etapa:

Como você vai atrair as pessoas certas para ver a oferta?

No mundo físico, use hipersondagem para conhecer o público e indicar a melhor oferta.

No digital, use *quiz* (pesquisa antes da oferta), *pre-sell* (explicação rápida antes da oferta) ou anúncios com público personalizado para filtrar os *leads* certos.

Use bônus e benefícios ligados ao produto para gerar contatos com pré-interesse.

Faça chamadas usando a dualidade: problema/solução, pense em chamadas emocionais e com quebra de expectativa.

Defina orçamento e nunca esqueça do *remarketing* (anúncios que você faz para quem já viu a sua oferta pela primeira vez).

Perguntas-chave sobre esta etapa:

1. Preparou o roteiro da hipersondagem?
___
___

2. Possui um *quiz* para sondar o público *on-line*?
___
___

3. Possui bônus digital para gerar cadastro?
___
___

4. Preparou chamadas com problema x solução?
___
___

5. Essas chamadas são emocionais?
___
___

6. Essas chamadas têm quebra de expectativa?
___
___

MARKETING **DE AJUDA**

7. Qual será o orçamento dos anúncios?
_____
_____

8. Qual o % do orçamento direto x *remarketing*?
_____
_____

9. Vai usar vídeos, imagens, textos?
_____
_____

10. Vai usar mídias *off-line* ou apenas *on-line*?
_____
_____

12. Quem vai colocar as campanhas em prática?
_____
_____

13. Quem vai acompanhar as métricas (resultados)?
_____
_____

14. Quem vai criar os conteúdos de *marketing*?
_____
_____

15. A estrutura de vendas está pronta?

_____

_____

Após gerar os contatos de pessoas interessadas, você fará a oferta que conecta a dor com a sua solução. É aí que entramos na nossa 5ª etapa.

ETAPA 05: OFERTA QUE CONECTA

ETAPA 05: OFERTA QUE CONECTA

Já vimos os modelos de chamadas para atrair o nosso público, temos nosso plano de ação e já sabemos como gerar a demanda, atraindo as pessoas certas.

Agora é a hora de convertermos os visitantes e *leads* em clientes compradores.

Sem dúvida, é uma das etapas mais importantes de qualquer negócio. Por isso, você vai conhecer agora um padrão infalível e que se adapta em qualquer nicho de mercado.

O valor do que você está prestes a ver é incalculável, pois pode, literalmente, transformar todos os seus resultados em vendas, pra sempre, sem exageros.

Para ficar mais simples de entender como uma oferta deve ser irresistível, imagine o seguinte cenário:

Você sonha em ter um *iPhone top* do mercado, mas o seu orçamento ainda não permite a compra. De repente, alguém te faz a seguinte proposta: *"O iPhone mais top do mercado custa em torno de R$ 12.900,00, porém, se você comprar comigo hoje, até as 20h, eu farei para você por apenas R$ 997,00 em até 12x99,70, mas eu só tenho 10 peças disponíveis. Além disso, você também vai ganhar os fones de ouvido que custariam R$ 2.990,00. Eu só consegui essas peças porque descobri uma promoção secreta da Apple nos EUA e consegui importá-las com exclusividade. É 100% dentro da lei, inclusive te darei nota fiscal de tudo."*

MARKETING **DE AJUDA**

Você sentiu o desejo de comprar essa oferta?
Ela prendeu a sua atenção do começo ao fim?
Você teve o sentimento de urgência em comprar?
Você sentiu que iria se dar bem ao comprar?

Então a sua oferta deve fazer isso pelo seu cliente, deve fazê-lo responder "sim" para essas perguntas-chave acima. Esse é apenas um exemplo, mas a sua oferta tem que ser dessa forma, irresistível, irrecusável, urgente, vantajosa.

Lembrando que "oferta" não significa apenas preço baixo, mas sim o conjunto de argumentos que geram o desejo pela compra imediata do seu produto ou serviço.

A exemplos de marcas como a Nike, seus tênis geralmente custam mais do que as outras marcas equivalentes, porém as pessoas enxergam grande valor no produto. Por isso, é uma das marcas que mais vendem.

Outro exemplo bem comum é a Coca-Cola. Entre os refrigerantes, ela tem um valor um pouco acima. Mesmo assim, é a que mais vende.

É claro que essas empresas têm grande autoridade hoje, mas é sempre bom lembrar que um dia elas também começaram do zero, mas tinham seu propósito e posicionamento bem definido. Foi isso que as tornou os impérios que são hoje.

Outro exemplo que gosto de usar é o do cliente que estava pesquisando um novo carro e ele tinha no máximo 100 mil reais para investir. Isso com certo esforço, juntando economias e financiando uma parte com o banco.

Ele estava prestes a comprar um Toyota Corolla, porém o grande sonho dele sempre foi ter uma Ferrari, que custa em torno de um milhão e meio de reais, algo em torno de 15 vezes o seu orçamento previsto.

Ao menos no momento, é quase impossível fazer essa aquisição, até porque ainda há os custos de documentação, seguro, impostos etc.

Porém, para a sua grande surpresa, um amigo que vende carros entra em contato falando que conseguiu uma única unidade da Ferrari por apenas 200 mil reais. Ele explica que foi uma liquidação de estoque da fábrica e que ele conseguiu reservar o veículo até hoje às 20h. Caso ele não compre, o veículo será liberado para venda na loja amanhã cedo e algum outro sortudo vai se dar bem.

Será que o nosso personagem faria um esforço extra para comprar a Ferrari por 200 mil, mesmo sendo o dobro do seu orçamento previsto para a compra do Corolla?

É muito provável que sim, e inclusive achando 200 mil reais muito barato. Afinal é uma Ferrari.

O ponto-chave nesse exemplo é a percepção de valor: 100 mil pode ser caro para a compra de um Corolla, mas 200 mil numa Ferrari é muito barato (os valores são apenas exemplos).

É isso que a sua oferta precisa fazer, gerar muito valor ao ponto do seu cliente achar muito barato o seu preço.

Repare que o cliente teve dois sentimentos nesse exemplo:

1. Sentimento de estar ganhando algo, de ter uma grande vantagem numa negociação.
2. Medo de perder uma grande oportunidade que talvez não volte a acontecer.

Esses são os sentimentos que fazem as pessoas comprarem o seu produto ou serviço de forma imediata. Eles fazem a sua oferta se tornar prioridade imediata.

MARKETING DE AJUDA

Mais uma vez usamos um exemplo hipotético, mas ele ilustra como deve ser o sentimento que você deve causar no seu cliente ao ofertar o seu produto ou serviço para ele.

Lembra da Black Friday?

Ela faz isso com as pessoas, ela causa o sentimento de "se eu não comprar agora, vou perder uma oportunidade incrível. Preciso aproveitar isso, vou me dar bem". É por isso que ela explode as vendas das empresas.

Portanto o grande segredo é criar um evento pelo menos uma vez por semana no seu negócio, fazer o seu cliente ter esse sentimento de ganho e medo de perder com o máximo de frequência possível.

CRIE UMA BLACK FRIDAY POR SEMANA!

Ao fazer isso, suas vendas também irão explodir, mesmo que você não dê descontos. Há muitas outras formas de fazer isso, o fator crucial é aumentar o valor percebido ao máximo.

Guarde esta frase: o seu cliente precisa sentir que está participando de uma oferta única, de um evento muito importante que você está fazendo só agora e ele é especial por participar com você. Esse evento é único, diferente e que se ele não participar agora, poderá perder algo incrível.

Resumo do processo para criar uma oferta assim:

1. Defina um motivo para a sua grande oferta (datas comemorativas, semana de tal produto etc.).
2. Defina as condições da sua oferta (período, quais produtos, quais preços altos x baixos, quais benefícios extras etc.).

3. Prepare o roteiro da sua oferta (veja adiante o roteiro padrão para criar a oferta do M.D.A.).
4. Prepare produtos para *up-sell**, *cross-sell** e *down-sell**, treine sua equipe para nunca esquecer essas três partes da sua oferta.
5. Prepare seu processo de indicação e o seu local para agrupar seus clientes para manter o relacionamento diário (veremos mais detalhes a seguir).

* **Nota:** anote com carinho essas três formas extras de oferecer o seu produto ou serviço, só elas podem aumentar seu lucro em pelo menos 35%.

Só para você ter uma ideia, estima-se que cerca de 35% das vendas da Amazon vêm justamente dessas estratégias extras.

Up-sell é o ato de oferecer um produto de valor superior ao que o cliente escolheu na primeira vez. Dessa forma, sua margem de lucro aumenta e o cliente terá uma solução melhor ainda.

Exemplo: quando você compra um carro 1.0 e o vendedor oferece a versão 1.6 por apenas mais R$ 1.000,00.

Cross-sell é o ato de oferecer produtos adicionais que complementam a primeira compra do cliente.

Exemplo: quando você pede um hambúrguer e o vendedor oferece a batata frita por apenas mais R$ 1,00.

Down-sell é o ato de oferecer produtos mais baratos quando o cliente não pode comprar o produto principal.

MARKETING **DE AJUDA**

Exemplo: quando você quer comprar uma blusa de couro, mas está achando caro, o vendedor pode oferecer uma de couro sintético que é parecida, mas custa menos.

No mundo *on-line*: a criação de uma oferta no mundo *on-line* segue os mesmos princípios, porém é muito citada a utilização de roteiros de *copy*. Inclusive, aqui no M.D.A. você terá um roteiro padrão para usar em qualquer produto ou serviço.

Copywriting é uma famosa técnica americana para escrita persuasiva. "*Copy*" é o ato de escrever algo para convencer uma pessoa a tomar uma ação. No nosso caso, focaremos na ação de "comprar" algo que você vende.

Toda oferta passa antes por um processo de "*copy*". Mesmo que você nunca tenha usado esse termo antes, é provável que você já tenha usado partes dessa técnica.

Seja num catálogo de produtos, numa página de vendas, num vídeo de vendas, numa carta de vendas, em postagens nas redes sociais, em tudo isso a *copy* é usada como base.

Assim como Steve Jobs usava muito um modelo padrão para apresentar seus produtos, baseado no famoso esquema de Aristóteles, é isso que também faremos. Afinal funciona, sempre funcionou, pois é baseado em como nossa mente funciona.

Um resumo do esquema de Aristóteles:

1. Apresente uma história que desperte o interesse do público.
2. Mostre um problema que precisa ser solucionado ou pergunta a ser respondida.
3. Sugira uma ideia de solução para o problema proposto e, então, mostre sua solução.

4. Descreva os benefícios da solução oferecida.

5. Incite o público a agir.

Em 2007, Steve Jobs fez uma das suas melhores apresentações durante o lançamento do iPhone. Ele levou seu público à loucura com a forma incrível que apresentou o produto. Se você analisar cada passo, verá que ele seguiu exatamente esse processo. Você pode conferir em vídeos no YouTube, como este: https://youtu.be/taTmpYQ_3jk.

As vendas do iPhone simplesmente explodiram, inclusive, pouco antes do lançamento, ele sugeriu que o valor seria em torno de 997 dólares. As pessoas estavam aguardando um produto revolucionário que custaria esse valor, porém, ao apresentar a oferta, além do produto realmente ser um divisor de águas para a época, custava apenas a metade do valor esperado, ou seja, "saiu barato" na mente das pessoas. Elas compraram aos montes, pois sentiam que estavam se dando bem.

Estrutura da oferta que conecta

A oferta perfeita deve seguir um processo simples, mas poderoso de persuasão da pessoa que demonstrou interesse na sua solução.

Vamos ver essa sequência passo a passo e, em seguida, uma rápida explicação dos pontos principais:

1. Fazer uma hipersondagem* (fazer perguntas para conhecer ao máximo o seu possível cliente).

MARKETING **DE AJUDA**

2. Fazer uma superpromessa que chame a atenção (o que ele mais deseja, cite benefícios "com" e "sem"**).

3. Sua breve apresentação (caso precise, mostre suas credenciais rapidamente).

4. Cite e agrave os problemas ocultos (o que incomoda o cliente, dê detalhes emocionais e visuais).

5. Acuse o inimigo (mostre porque as outras soluções não funcionam e podem atrapalhar ainda mais).

6. Apresente a sua solução (conte uma história, mostre que a sua é melhor, diferente, como você confirmou).

7. Mostre provas de funcionamento (histórias de quem já usou, como funcionou pra você).

8. Faça a transição para a oferta (mostre por que agora é o melhor momento para comprar, cite problemas ao não ter a solução).

9. Faça a oferta com pelo menos seis gatilhos mentais***:
   - Antecipação: como será a vida dele depois;
   - Coerência: reforçar porque ele precisa agora;
   - Reciprocidade: ofereça benefícios adicionais;
   - Garantia: explique que ele não tem riscos;
   - Contraste: mostre que o preço é muito maior;
   - Escassez: reforce que essa condição vai acabar.

10. Quebre as principais objeções (responda as principais perguntas e objeções dos clientes).

* **Nota:** a hipersondagem é ideal para negociações presenciais. Caso você esteja fazendo a venda pela Internet, pode pular essa etapa e ir direto para as próximas. Porém, obviamente, você já deve conhecer bem o público que chegará na sua oferta.

** Nota: benefícios "com" e "sem" ajudam a simplificar e facilitar o uso do seu produto. Por exemplo, se você vende um curso de inglês, poderia usar algo assim:

- Sem precisar de tarefinhas chatas para fazer em casa;
- Sem precisar investir em materiais caríssimos;
- Sem precisar ficar horas repetindo palavras aleatórias;
- Com apenas 10 minutos diários e fluência em 12 meses;
- Com aulas de professores nativos dos EUA e Inglaterra;
- Com método de ensino comprovado por 60 mil alunos.

*** Nota: gatilhos mentais são atalhos que nossa mente toma para tomar decisões, como comprar ou não comprar um produto. Ao usar corretamente esses gatilhos, você aumenta muito as vendas.

Um brinde para você: por comprar este livro, você ganhou também um curso *on-line* sobre gatilhos mentais. Para obter seu acesso, entre no *link*: **marketingdeajuda.com/gatilhos**

O roteiro anterior é um modelo padrão. Pode e deve ser usado em todas as suas negociações, apenas adaptando para o seu modelo de negócio, produto, nicho etc.

Coloque todos os argumentos em sequência e por escrito. Depois, pratique até internalizar o processo da oferta. Ao fazer isso, suas vendas vão disparar!

Muito importante: o maior segredo dos negociadores de sucesso é "fazer a venda não parecer uma venda", ou seja, parece que eles estão batendo papo de forma descontraída, porém estão convencendo o cliente a comprar.

Leia o parágrafo anterior novamente. Ele é muito importante, por isso é fundamental que você pratique o passo a passo da negociação até fazê-lo de forma natural.

Use-o para negociações presenciais, para criação de cartas de vendas ou vídeos de vendas, *lives* etc.

Guarde essa estrutura com você e aproveite ao máximo.

A pesquisa *on-line* antes da oferta:

Uma forma muito eficaz de fazer "hipersondagem" antes de enviar o cliente para uma oferta é fazer uma pesquisa *on-line*, ou um *quiz* com perguntas-chave que filtrem os interesses do público.

O SEGREDO É FAZER O CLIENTE DIZER VÁRIOS "SIMS" PARA VOCÊ ANTES DE CHEGAR NA NEGOCIAÇÃO.

Esse modelo de negociação, seguindo os 10 passos da oferta que conecta, pode ser adaptado para absolutamente qualquer tipo de negócio, tanto *on-line* quanto *off-line*.

É claro que, conforme o seu nicho, é preciso dar mais ou menos ênfase em cada uma das partes, mas quando você entende o processo como um todo, você se adapta perfeitamente.

A taxa de conversão em vendas, quando você executa os 10 passos, pode ser até 10 vezes maior, isso significa até 10 vezes mais dinheiro no seu bolso.

Quando você segue os 10 passos corretamente, nenhum ponto de persuasão fica para trás, todos são repassados, todas as dúvidas e objeções que poderiam ficar na mente do cliente são resolvidas nesse processo único.

Um dos pontos mais importantes é o de quebrar as principais objeções que as pessoas têm. Você as conhece?

Para que uma oferta seja perfeita e se conecte na dor do seu público, você precisa estar preparado para zerar estas objeções:

Isso não dá certo!

Quando o cliente não acredita que pode funcionar para ele, nessa hora é fundamental que **você tenha provas de que funciona.**

Eu não confio no vendedor!

É normal, se o cliente está vendo você pela primeira vez, neste momento é fundamental que você **conte a sua história e mostre de onde veio.**

Isso não dá certo para mim!

Parecida com a primeira, porém, ele sabe que funciona, mas acredita que pode não funcionar para ele. Aqui, entre em detalhes da solução e mostre que **outras pessoas parecidas com ele já tiveram sucesso.**

Não vou conseguir implementar!

Sua solução deve **ser simples e fácil de ser utilizada.** Este é um erro comum de muitos produtos, foque nisso.

Eu não preciso disso agora!

Lembra do que vimos em "gerar demanda"? Você precisa apresentar o problema que ele tem, afinal, muitas vezes ele ainda não percebeu.

Objeção do terceiro elemento

Muito comum em negociações presenciais, quando a pessoa depende do marido, esposa, patrão, gerente para concluir a compra. Previna-se.

Ninguém pode saber disso!

Em muitos nichos, o cliente pode ter medo ou vergonha de que outras pessoas saibam que ele está comprando o seu produto. Fique atento.

E se der certo? (como vai ser depois):

Sim, se a sua solução funcionar, também pode ser uma objeção, dependendo do seu nicho. Portanto **saiba descrever como será melhor a vida do seu cliente depois.**

Não tenho dinheiro/tá caro!

Essa objeção é clássica. Você precisa ter as respostas na ponta da língua. Geralmente, basta questionar: "caro em relação a quê?", "se o dinheiro não fosse problema, você compraria agora?". Se sim, busque alternativas de planos, ofereça bônus para tornar ainda mais irresistível.

Não tenho tempo

A clássica objeção de quem ainda não viu sua solução como prioridade. Nessa hora, é importante "apertar a ferida", relembrar o cliente das suas dores e problemas. Use o gatilho mental da coerência para mostrar que ele mesmo mostrou o desejo de resolver o seu problema ou realizar o seu desejo o quanto antes.

E se eu não gostar do vendedor?

Isso pode acontecer, afinal, como diz o ditado, "Nem Jesus agradou a todos", portanto, busque atender da melhor forma possível, dê atenção, olhe nos olhos, ouça o máximo, conte sua trajetória e desafios, crie *rapport* (tenha conexão e empatia sincera com o seu cliente).

E se eu não gostar do produto?

Essa é simples. Não importa como você está negociando, o cliente precisa ter a tranquilidade sobre a garantia de devolução. Caso não goste do seu produto, explique e reforce isso com ele. Tire esse peso dos ombros dele.

Concluímos aqui a fase da oferta que conecta. Se você seguir esses passos, verá que se torna possível vender ou aumentar as vendas de absolutamente qualquer coisa para qualquer pessoa.

Obviamente, existem variáveis conforme o seu produto ou serviço, além de que existem detalhes sobre a forma de comunicar a sua oferta, tom de voz, comunicação não verbal e outros diversos fatores.

Ao participar da nossa comunidade no Facebook, você vai aprender sobre todos esses temas em detalhes.

Para entrar na nossa comunidade, basta acessar este *link* e solicitar a sua entrada: **marketingdeajuda.com/comunidade**

Assim que entrar, é fundamental que você adicione as notificações do grupo para ver as postagens semanais. Caso contrário, perderá aulas muito importantes e gratuitas, pois, infelizmente, as redes sociais tendem a entregar pouco o conteúdo dentro dos grupos. Mas se você marcar a opção para ver todas as notificações, será sempre avisado.

MARKETING **DE AJUDA**

Perguntas fundamentais sobre a criação da sua oferta perfeita:

1) Preparou as perguntas da hipersondagem?
_____
_____

2) Qual é a sua superpromessa?
_____
_____

3) Quais são os benefícios "com" e "sem"?
_____
_____

4) Como será a sua rápida apresentação pessoal?
_____
_____

5) Quais elementos visuais você vai utilizar?
_____
_____

6) Tem como fazer o cliente sentir algo?
_____
_____

7) Como vai agravar os problemas ocultos?
_____
_____

8) Quais os culpados de o cliente ter o problema?
_____
_____

9) Quais os benefícios e vantagens principais?
_____
_____

10) Como o produto será consumido?
_____
_____

11) Por que a solução é única?
_____
_____

12) Quais as provas que ela funciona?
_____
_____

13) Preparou a explicação dos seis gatilhos mentais principais?
_____
_____

MARKETING **DE AJUDA**

14) Preparou a quebra das objeções principais?
_____
_____

15) Preparou os passos do pós-venda? (responda após ler as etapas 6 e 7)
_____
_____

16) Por que o cliente deve comprar AGORA?
_____
_____

A última pergunta é a mais importante de todas. A sua oferta deve fazer o cliente sentir o desejo imediato de comprar o seu produto para resolver o seu problema ou realizar o seu desejo.

ETAPA 06: PROCESSO DE MULTIPLICAÇÃO

ETAPA 06:
PROCESSO DE MULTIPLICAÇÃO

Chegamos na fase que separa as empresas que se tornam referências nos seus mercados daquelas que apenas existem e vivem com apertos financeiros constantes.

O que você vai ver agora é a base do sucesso de grandes empresas, como por exemplo a Wise UP, que sempre utilizou a estratégia de indicações no seu processo de vendas.

Inclusive no vídeo do YouTube da entrevista do Flávio Augusto com o Seiiti Arata, ele explica em detalhes o processo. Vale a pena assistir.

Link do vídeo: https://youtu.be/EJ5YjrHJJyY

Esta é uma etapa-chave do *Marketing* de Ajuda.

Cerca de 95% das pessoas que tentam fazer negócios, seja na Internet ou no mundo físico, param na etapa da oferta. Esse geralmente é o fim do ciclo de negociação.

É como se elas fizessem tudo certo, mas não concluíssem todo o caminho do *Marketing* de Ajuda. Por exemplo:

MARKETING **DE AJUDA**

1. Identificou os problemas ocultos.
2. Identificou o público de interesse.
3. Desenvolveu a solução única.
4. Fez a geração da demanda.
5. Fez a oferta, fim!

"Se o cliente comprar, perfeito. Se não ele não comprar, fazer o quê? Vamos atrás de outro cliente."

É isso que acontece com a grande maioria dos negócios. E acredite, bilhões e bilhões são deixados na mesa todos os dias por falta de um processo de multiplicação que continue a partir do momento que a oferta foi feita.

E um detalhe importante: isso deve ser feito, independentemente do resultado da oferta, não importa se o cliente comprou ou não comprou. O processo de multiplicação deve ser executado sempre e ele vai multiplicar os seus resultados.

Quando percebemos isso, uma grande chave virou. As pessoas precisavam de um método para prosseguir a partir desse ponto, foi aí que montamos um processo baseado num modelo de *marketing* de indicação que é muito usado nos EUA. Nesse método, a palavra-chave é "profundidade".

Por meio dela é usada **a força de uma pessoa para chegar em inúmeras outras**, isso é feito pela nutrição do relacionamento.

A estratégia de *marketing* de indicação funciona perfeitamente, tanto para o mundo físico quanto no digital.

É ALGO TÃO SIMPLES, MAS, AO MESMO TEMPO, TÃO PODEROSO E TRANSFORMADOR QUE OS RESULTADOS COMEÇAM A EXPLODIR IMEDIATAMENTE.

WILLIAM PAGANELLI & ELIAS FERNANDO

> "Pessoas influenciam pessoas. Nada influencia mais do que a recomendação de um amigo."
> **Mark Zuckerberg, CEO do Facebook**

Antes de qualquer outra forma de vender um produto, o *marketing* boca a boca ou *marketing* de indicação já existia, afinal, qualquer tipo de negócio é feito de pessoa para pessoa e, sendo assim, o tempo todo uma influencia a outra.

As pessoas são responsáveis por movimentar a economia, são as pessoas que fazem compras e vendas no mundo inteiro. Todos nós já compramos algo por indicação de algum amigo ou familiar, de um artista famoso ou de um *influencer* digital nos dias atuais.

Esse é o poder do *marketing* de indicação.

Só para você ter uma ideia, 92% dos consumidores ao redor do mundo afirmam que confiam totalmente na indicação de um amigo ou familiar, acima de qualquer outra forma de propaganda (pesquisa Nielsen).

Essa é apenas uma pesquisa que reforça muito a importância de aplicar a indicação no seu negócio. Veja mais dados importantíssimos sobre isso:

- O boca a boca é responsável por seis trilhões de dólares em consumo todo ano ao redor do mundo. (CMO)

- 84% dos consumidores acreditam que a indicação e a recomendação de amigos e familiares é a melhor e mais confiável fonte de informações quando se trata de um produto ou serviço. (Nielsen)

- O conselho de amigos e familiares representa 77% na escala de persuasão quando se trata de informação sobre novos produtos. (Nielsen)

MARKETING **DE AJUDA**

- Um consumidor que vem pela indicação boca a boca possui um *Life Time Value* (LTV: é uma previsão do lucro que a empresa terá com um mesmo cliente) de 16% a 25% maior. (Wharton School of Business)

- O *marketing* de indicação boca a boca é a principal ferramenta de *marketing* usada por pequenos negócios. (eMarket)

- Consumidores que chegam pela recomendação boca a boca de algum amigo costumam ser mais leais à marca do que os consumidores que chegam advindos de métodos tradicionais de *marketing*. (Associação Americana de Marketing)

- 39% dos entrevistados afirmam que preferem incentivos financeiros para recomendar produtos e serviços do que recompensas tradicionais. (B2B Marketing Mentor)

- 72% dos profissionais de *marketing* e vendas não entendem o valor do *marketing* boca a boca e nem potencializam essa ferramenta de vendas. (Loyalty360)

- Mais de 50% dos entrevistados estão mais propensos a recomendar um produto ou serviço se receberem um incentivo ou benefício no programa de indicações. (B2B Marketing Mentor)

- Oferecer uma recompensa aumenta a probabilidade da recomendação boca a boca, mas não faz tanta diferença o tamanho ou o valor da mesma. Basta existir. (Associação Americana de Marketing)

- As recompensas são importantes para aumentar a probabilidade de indicação boca a boca em encontros casuais entre os consumidores. (Associação Americana de Marketing)

- 68% dos consumidores que têm um item em mente não começam sua a jornada por mecanismos de busca, mas por indicação de outras pessoas. (Criteo)

Existem inúmeros outros estudos, mas aqui acredito que já está convencido de que ativar os processos de multiplicação no seu negócio é fundamental para que você aumente imediatamente seu faturamento.

Um excelente indicador para medir a taxa de sucesso da sua estratégia de indicação é o NPS (*Net Promoter Score*: é uma pesquisa para medir a satisfação dos clientes e se eles indicariam para outras pessoas). Ele mostra qual é o nível de satisfação do público com a empresa. Um dos seus principais usos é depois da conclusão de compras e pedidos de suporte.

Funciona a partir de uma pergunta básica é: "Qual a probabilidade de você indicar nossa empresa para seus amigos?". De 0 a 10, clientes que dão as notas mais altas tendem a ser promotores da marca. Enquanto isso, os que marcam abaixo de 7 acendem o alerta da insatisfação.

A lógica é clara: quanto mais as pessoas estiverem satisfeitas, maior será a tendência de elas indicarem um produto ou serviço para os amigos e parentes.

Além disso, é claro, se você usar incentivos para as pessoas indicarem, como brindes e cupons de desconto, suas vendas por indicação irão explodir. Ao aplicar esse processo de forma estratégica e diária, os resultados serão imediatos.

Inclusive existe um fator biológico ligado à indicação. Olha só que interessante:

O autor John Jantsch, no livro *Máquina de indicações*, afirma que: "Há uma pequena parte do cérebro, o hipotálamo, que, entre outras coisas, ajuda a regular o desejo e o prazer e, em certo grau, sua propensão a indicar."

MARKETING **DE AJUDA**

A necessidade de indicar é até fácil de se provar. Provavelmente, seja no boca a boca digital ou orgânico, você recebeu ou indicou algum amigo, não é mesmo? Isso aconteceu naturalmente ou provavelmente você recebeu um incentivo para indicar.

"O hipotálamo gosta de validação: ele registra o prazer em fazer o bem e em ser reconhecido por isso, e é a origem da necessidade de pertencermos a algo que seja maior do que nós mesmos. Esta é a motivação social para fazermos indicações", reforça John Jantsch.

Atualmente, na Internet, existem ferramentas para automatizar os processos de indicação. Há algum tempo, criamos a nossa própria ferramenta que facilita muito esse trabalho, inclusive, se você for aluno do nosso curso *on-line* de *Marketing* de Ajuda, terá acesso gratuito a ela por um ano. Veremos mais adiante.

Veja bem, para você produzir dinheiro com qualquer tipo de negócio, você precisa ter *leads* (contatos de pessoas) e fazer sua oferta para elas. Quanto mais *leads* e quanto melhor a sua oferta, mais dinheiro você ganhará. Isso é uma questão imutável também.

Já vimos como criar uma oferta perfeita. Agora, vamos ver uma forma de multiplicar a quantidade de *leads* **sem precisar investir mais dinheiro. Parece mágica, mas é estratégia.**

Imagine se cada cliente que entra em contato com você pudesse se tornar pelo menos mais 5 ou 10 possibilidades de negócio, quanto isso poderia render em lucratividade?

É aqui onde você transforma "magicamente" uma pessoa em milhares de outras. É a arte de usar a força de um contato para levar a sua mensagem para outros milhares.

Detalhe: sem precisar investir mais dinheiro para isso.

Exatamente, você vai multiplicar as suas possibilidades de negócio gratuitamente.

Essa estratégia consiste em oferecer benefícios para que uma pessoa indique novos clientes para o seu produto ou serviço.

Esses benefícios são trocados por indicações de novos clientes, chamaremos esses benefícios de combustíveis da multiplicação.

Esse processo funciona perfeitamente no mundo *on-line* e *off-line*. Vamos ver em detalhes como usar em cada modelo de negócio:

Multiplicando contatos no mundo off-line

Como já dizia John Rockfeller, o segredo está em criar processos padrões. O grande ponto-chave da multiplicação de contatos e vendas no mundo *off-line* é criar um processo padrão para que você e sua equipe acostumem-se a incentivar as indicações em todas as negociações.

Não importa se o cliente comprou o seu produto ou não, você deve pedir indicações para ele e oferecer incentivos para que isso aconteça de forma espontânea.

As pessoas amam ajudar os amigos. Se elas perceberem que você está oferecendo um benefício para indicarem, então farão isso de bom grado.

Comece, a partir de hoje, a definir brindes e outros benefícios que serão oferecidos em troca de listas de indicações dos seus clientes e prospectos (sendo aluno do curso *on-line*, você terá acesso gratuito ao treinamento de *marketing* para negócios locais, a Universidade da Microempresa. Nele, há diversos modelos prontos para você captar mais contatos e fechar mais vendas).

Comece a pedir indicações em todas as suas negociações, não importa qual é o seu produto ou serviço. Em cada conversa de negócio, você pede indicações de pelo menos 5 ou 10 amigos.

MESMO QUE VOCÊ NÃO FECHE A VENDA, PEÇA INDICAÇÕES!

Tenha sempre uma listinha em mãos para que a pessoa indique, como, por exemplo, o que o William sempre fez na sua escola: todos os alunos já têm o hábito de indicar seus amigos, eles apenas passam o nome e telefone para que a escola possa entrar em contato e oferecer um curso com condição especial para o amigo. Se ele fizer a inscrição, nosso aluno recebe uma excelente comissão em dinheiro ou em desconto na mensalidade.

Isso é um processo padrão e eterno, é usado desde o início da escola lá nos anos 80.

Use esses contatos para fazer uma oferta especial e, claro, também peça indicações para eles. Ao fazer isso, você irá criar um processo contínuo e irá multiplicar as vendas e a lucratividade do seu negócio.

Ferramenta de indicações on-line

A Internet facilitou bastante a nossa vida quando o assunto é geração de *leads* por meio de indicação.

Existem ferramentas digitais que fazem essa multiplicação de forma quase automática. Você vai conhecer e vai ter acesso a uma delas neste projeto.

Nós usamos e recomendamos a ferramenta que desenvolvemos para o nosso uso, o Form7.

Você pode ver mais informações aqui: **marketingdeajuda.com/form7**

O Form7, além de ser mais barato, é bem mais simples de usar e tem todos os recursos fundamentais para que a estratégia dê excelentes resultados.

Com um tutorial de menos de 10 minutos, você aprende usar a ferramenta e já consegue colocar suas campanhas em prática imediatamente.

Ainda não sei quais são as suas intenções com este treinamento. De qualquer forma, você pode usar a ferramenta para ganhar dinheiro de duas formas:

- Usar no seu próprio negócio físico ou digital para gerar mais *leads* e vendas de forma imediata.
- Usar para prestar serviço a outras empresas da sua região e ganhar um bom dinheiro com esse trabalho.

Veja como funciona a ferramenta:

1. Você acessa um painel e cria uma campanha de indicação em menos de 10 minutos.
2. Nessa campanha, você oferece um benefício para as pessoas se cadastrarem (veja exemplo abaixo).
3. Você divulga o *link* dessas campanhas na Internet e nos meios *off-line* (tem tutorial de tudo).
4. Ao se cadastrar, a pessoa marca um ponto e recebe um benefício especial.
5. Além disso, também recebe um *link* especial e único para indicar aos amigos.
6. Para cada amigo indicado que preencha o cadastro, ela marcará mais um ponto.
7. Esses pontos serão trocados por mais prêmios e benefícios.
8. Conforme vai pontuando, ela pode ganhar novos prêmios.
9. Ao final, quem marcar mais pontos, pode ganhar um brinde superespecial.

Esse é apenas um exemplo, afinal, você define as regras conforme o seu nicho de mercado e o seu "poder de *marketing*".

Vamos ver um exemplo real de campanha:

MARKETING **DE AJUDA**

Imagine que você tem uma pizzaria. Chamaremos ela de Pizza 10. Neste final de semana, você quer dobrar as vendas, mas sem gastar muito com propaganda. Como podemos fazer isso?

Usando a etapa 6 do M.D.A.: criando uma promoção com base no processo de multiplicação.

Para realizar essa promoção, você vai oferecer de brinde uma pizza gigante, mais uma pizza brotinho doce, mais uma garrafa de refrigerante de 2 litros.

Vai ganhar esses presentes aquela pessoa que fizer mais pontos na sua promoção até determinada data.

Por outro lado, todos que participarem vão ganhar um cupom de desconto especial de 10% para usar no próximo final de semana.

A chamada da sua promoção, usando a ferramenta de indicações, ficaria mais ou menos assim: *"Rodada completa e 100% gratuita na Pizza 10, inscreva-se para ver as instruções!"*.

Repare que é como um concurso, apenas uma pessoa vai ganhar todos os presentes, ou seja, esse custo dos brindes é o seu investimento inicial em *marketing*. Em vez de colocar um *outdoor*, por exemplo, que custaria 10 vezes isso, você está dando apenas um produto da sua pizzaria.

As demais pessoas serão impactadas pela mensagem e vão participar para obter o cupom de desconto de 10%.

Tenha isto aqui em mente: muitas vezes, as pessoas nem estariam a fim de comer uma pizza, porém amam ganhar um presente ou um benefício. Portanto, ao terem um cupom de desconto que só pode ser usado neste final de semana, elas vão usar para não ficarem com o sentimento de perda.

Lembre-se, somos humanos e não gostamos de perder oportunidades. Esse sentimento nos incomoda.

Ao final da campanha, que pode ter durado uma ou duas semanas, você faz o fechamento da promoção e envia os avisos para todos os participantes.

Aviso para quem fez mais pontos e ganhou os presentes na promoção e o aviso para todos que se cadastraram e ganharam o cupom de 10%.

Agora, você gerou muitos novos contatos e eles poderão receber suas futuras ofertas por meio de WhatsApp, *e-mail* ou outras formas de contato.

Já tivemos diversos casos de clientes que geraram cerca de 1000 *leads* sem investir nenhum centavo, apenas criando uma campanha no Form7 e divulgando no Instagram e nos grupos de pessoas conhecidas. A partir daí, a ferramenta começa a trabalhar de graça e 24h por dia para você.

Detalhe, esses são *leads* quentes, pessoas altamente interessadas no seu produto ou serviço. A pessoa que se inscreve estará quase te falando: "ei, quero comprar o seu produto".

Você vai aprender como fazer isso de forma estratégica, onde a pessoa que se inscreve estará quase te falando: "ei, quero comprar o seu produto".

Faça e depois conte como está sendo o resultado! 😊

Veja aqui as imagens da campanha de exemplo da pizzaria, lembrando que tudo o que você vê pode ser personalizado com outros textos, imagens, vídeos etc.

Você também pode adicionar *links* para convidar para seus grupos ou listas. Enfim, as possibilidades são realmente infinitas, **apenas essa estratégia e ferramenta podem dobrar as suas vendas em menos de 30 dias.**

Para fazer um teste na ferramenta em tempo real, acesse: **marketingdeajuda.com/form7**

MARKETING **DE AJUDA**

Exemplo da campanha de indicação da pizzaria:

* Tela 01 - cadastro para participar da promoção:

* Tela 02 - instruções após preencher o cadastro:

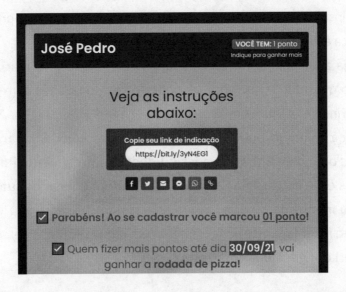

* **Continuação da tela 02:**

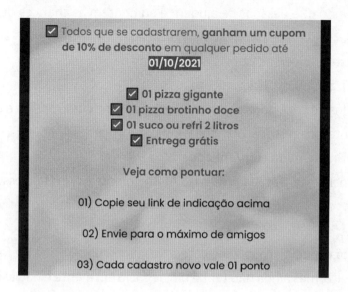

* **Nota:** você pode ter acesso gratuito para testar a ferramenta, basta entrar em contato com o nosso atendimento pelos contatos da página **marketingdeajuda.com/form7**

Antes de concluirmos essa etapa, quero citar um exemplo bem conhecido do poder da indicação: a plataforma Hotmart.

A Hotmart é um sistema de pagamentos e plataforma de afiliados. Ela foi uma das poucas *startups* brasileiras a se tornar um unicórnio, ou seja, atingir o valor superior a 1 bilhão de dólares.

Caso você ainda não conheça esse mercado, vou resumir: uma pessoa cria um curso *on-line* e coloca à venda na Hotmart. Lá dentro outras pessoas se afiliam, pegam um *link* de indicação e começam a divulgar. Se alguém clicar nesse *link* e comprar, a Hotmart divide a comissão entre o produtor e o afiliado.

Tudo isso acontece de forma automática, é a magia da Internet permitindo que pessoas se ajudem e aumentem as chances de negócios e lucratividade por meio da indicação.

Existem diversas outras plataformas de afiliados como a Eduzz, Monetizze, Afilio, Clickbank etc.

Inclusive você pode ser um afiliado do nosso curso *on-line* e ganhar excelentes comissões por cada indicação. Para saber mais, acesse **marketingdeajuda.com/afiliados**

Concluímos a etapa 6 do M.D.A. Ao colocar em prática esses processos, você vai perceber o resultado imediato no aumento das vendas.

Dica especial: caso você esteja buscando uma forma de fazer dinheiro, mas ainda não tenha um negócio em mente e não saiba por onde começar, uma sugestão é ajudar outros negócios locais da sua região a colocar em prática os processos deste livro, em especial o "processo de multiplicação" em que o resultado é imediato, tanto para a empresa quanto para você.

Principais perguntas sobre o processo de multiplicação:

1) Você já definiu os prêmios em troca da indicação?
_____
_____

2) Qual o orçamento máximo para os prêmios?
_____
_____

3) Quais as regras para entregar os prêmios?
_____
_____

4) Quem poderá participar? (clientes e prospectos)
_____
_____

5) Como será a abordagem para explicar a campanha?
_____
_____

6) Qual será o período da campanha?
_____
_____

7) Vai ter parceiros nessa campanha?
_____
_____

8) Vai usar a ferramenta *on-line*?
_____
_____

9) Quem ficará responsável pela campanha?
_____
_____

MARKETING **DE AJUDA**

10) Qual o prazo para retirar os prêmios?
_____
_____

11) Qual a estratégia com os *leads* da campanha?
_____
_____

12) Quem vai avaliar os resultados?
_____
_____

Chegamos agora na última etapa, em que vamos unir todas as anteriores e tornar o nosso negócio sustentável e escalável.

ETAPA 07:
REPRESA E NUTRIÇÃO

ETAPA 07:
REPRESA E NUTRIÇÃO

Assim como a etapa 6, esta é uma etapa ignorada por cerca de 90% dos negócios atuais. Justamente por isso, milhões em vendas são desperdiçados todos os dias.

Nós estamos vivendo na era do "Marketing 4.0" que, em resumo, é um *marketing* de relacionamento entre as pessoas, onde o foco está nas pessoas e não apenas no produto.

Inclusive, segundo Philip Kotler, a maior autoridade mundial quando o assunto é *marketing*, já chegamos na era do *marketing* 5.0, conforme veremos mais adiante, em que as empresas vão precisar se adaptar cada vez mais ao uso da tecnologia e das ferramentas digitais.

Vamos simplificar: as pessoas tendem a comprar de quem elas confiam, convivem e gostam, não mais daquela empresa que fica fazendo propaganda chata 24h por dia, tentando empurrar seus produtos com promoções e chavões duvidosos.

Antigamente, bastava você fazer uma promoção tipo "Deu a louca no gerente" ou a famosa frase "no nosso aniversário, quem ganha é você" e suas vendas aconteciam. Hoje você corre o risco de virar meme se fizer algo assim.

Você precisa atrair as pessoas, se relacionar com elas, ganhar a confiança delas, sejam clientes ou ainda prospectos (possíveis clientes).

Vamos entender os motivos:

Você sabia que atrair um cliente novo é 5 a 7 vezes mais caro do que vender para quem já o conhece?

MARKETING **DE AJUDA**

Esse é um fato importante, mas existe mais uma informação que muita gente não leva em consideração:

Raramente a pessoa compra algo sem antes conhecer você ou o seu produto, salvo em caso de necessidade muito grande ou por indicação de alguém de muita confiança.

Quando é um negócio físico, geralmente você compra porque alguém recomendou, porque ouviu falar em algum lugar ou porque já conhece a empresa.

Quando é um negócio digital, é ainda mais raro a pessoa entrar no seu *site* e comprar numa primeira vez, as pessoas precisam confiar em você e no seu produto antes de comprar.

Isso geralmente é feito com relacionamento e o chamado *remarketing*, que é o ato de mostrar anúncios para as mesmas pessoas diversas vezes.

É por isso que, se você pesquisar agora por "bicicleta" aí no Google e entrar em alguma loja virtual, imediatamente vão começar a aparecer outras propagandas de bicicleta para você, pois agora o Google e essas empresas sabem que você está interessado nesse produto.

A mesma regra se aplica a outras mídias como o Facebook, Instagram etc.

Ao fazer *remarketing*, você ganha mais a confiança das pessoas, consegue quebrar objeções, mostrar mais autoridade, elas se interessam mais pelo seu produto ou serviço e acabam comprando.

Inclusive, como já falamos anteriormente, estima-se que cerca de 35% das vendas de empresas de *e-commerce* acabam vindo de atividades de *remarketing*.

Isso é fácil de entender, afinal, é muito raro alguém entrar num *site* e comprar um produto no primeiro acesso, geralmente pesquisamos antes de decidir. Por isso, aparecer mais vezes na tela do seu cliente é fundamental.

No entanto *remarketing* é propaganda, geralmente você está ali pagando para mostrar a oferta de um produto ou serviço para o seu possível cliente, mas, no mundo atual, os consumidores estão mais exigentes, eles querem conhecer você melhor, querem manter contato com você. Inclusive, se eles gostarem, vão até indicar você. É um sentimento de "proximidade digital" que a Internet nos trouxe.

Para isso, você precisa criar o que chamamos de "represa", um local de fácil acesso que você possa se relacionar com seus clientes. Não apenas ficar postando promoções, mas mostrar seu dia a dia, dar dicas pontuais, tirar uma dúvida, criar relacionamento.

É o senso de criar uma comunidade, algo natural do ser humano, um gatilho poderoso que vem desde os princípios do homem na Terra.

Redes sociais são opções interessantes, mas a represa de clientes e contatos é algo mais sutil, mais personalizado. Seguir você numa rede social todo mundo pode, mas fazer parte da sua comunidade, apenas os escolhidos, as pessoas que passaram por uma pré-seleção. É algo mais especial.

Portanto aqui entram duas lições fundamentais nesta etapa:

1. Você precisa aparecer mais de uma vez para o seu público por meio de *remarketing* e novas ofertas, quebrando objeções e passando mais confiança.
2. Você precisa continuar o contato com os clientes e prospectos, independentemente de eles terem comprado ou não o seu produto. Isso é *marketing* 4.0 e 5.0.

Você já ouviu falar sobre a sigla LTV?

Ela significa *Lifetime Value* em inglês. Simplificando, significa o lucro que você terá com um único cliente.

Quanto maior o seu LTV, significa que mais você ganha com um único cliente.

As empresas mais bem-sucedidas do mundo trabalham forte para aumentar o seu LTV, criando novas soluções para que os seus clientes continuem comprando mais vezes.

Em alguns nichos, isso é simples e óbvio. Por exemplo: um supermercado ou uma padaria geralmente tem um ótimo LTV, pois os clientes podem comprar diversas vezes ao longo de um ano.

Porém, em outros nichos, nem sempre é assim. Portanto você precisa ter estratégias para fazer isso de forma profissional. Nesse caso, a estratégia funciona para absolutamente todos os nichos.

É isso que veremos nesta etapa, como melhorar o relacionamento com os seus clientes e aumentar as vendas para quem já teve algum contato com você, mesmo aqueles que ainda são prospectos, ou seja, ainda não compraram o seu produto.

É incrível como perdemos excelentes oportunidades por não manter um relacionamento constante com nossos contatos. E acredite, o processo é bem mais simples do que você imagina.

Vamos ver três formas de fazer isso a partir de agora.

Essa etapa é bem prática e você pode começar a fazer isso imediatamente, não deixe para semana que vem, comece hoje e veja os resultados amanhã.

Partindo para a ação (take action):

Primeira forma (a minha preferida):
Atrair pessoas para grupos de Facebook, WhatsApp ou Telegram (nessa ordem).

E dentro desses grupos, postar dicas pontuais relacionadas ao seu produto ou serviço, postar curiosidades, brindes, tirar dúvidas dos clientes e prospectos, enfim, se relacionar com eles.

Além disso, é claro, postar suas melhores promoções, cupons de desconto etc.

Procure ter uma rotina e seguir mais ou menos a regra 5/1, que significa: 5 *posts* úteis para 1 *post* promocional. Isso se chama nutrição de *leads* (relacionamento).

Essa é a base do chamado *inbound marketing* ou *marketing* de conteúdo.

O importante neste caso é criar o senso de comunidade, de grupo. É o que chamamos de represa de contatos.

Ao criar grupos, você se relaciona com a comunidade, as pessoas gostam de sentir que fazem parte de algo. É o gatilho natural de pertencimento.

O homem das cavernas não podia ficar sozinho, pois seria uma presa fácil dos predadores. Portanto eles se agrupavam em comunidades com os mesmos objetivos e ali um ajudava o outro.

Milhares de anos se passaram, mas nossa mente humana continua moldada com o mesmo padrão daquela época, nós amamos fazer parte de uma comunidade.

Exemplos comuns de comunidades: escola, igreja, torcida, seu bairro, sua cidade etc.

Comunidades conhecidas no meio digital: "grupos de venda", "grupos de mães" etc.

Com certeza você participa de diversas comunidades e nem se dá conta disso.

Portanto é fundamental que você também tenha a sua própria comunidade digital.

MARKETING DE AJUDA

Segunda forma (mais trabalhosa, porém, mais eficaz)

Criar listas de transmissão do WhatsApp e listas de *e-mail* em uma ferramenta de *e-mail marketing*.

A grande vantagem das listas é que você se relaciona com as pessoas no um a um, você manda a mensagem para uma lista inteira, mas cada pessoa recebe no privado.

Acredite, isso faz uma enorme diferença!

No caso da lista do WhatsApp, ao menos no momento, só recebe a mensagem quem já salvou o seu contato na agenda.

No caso de lista de *e-mail marketing*, a pessoa precisa confirmar que deseja receber o seu *e-mail*.

Existem estratégias para incentivar as pessoas a fazer essa confirmação. Por exemplo:

Para que elas salvem o seu contato no WhatsApp:

Envie uma mensagem no privado avisando o contato que ele vai receber cupons de desconto e até brindes 100% gratuitos. Para isso, ele precisa salvar o seu contato.

Após isso, crie o hábito de ao menos uma vez por semana fazer o envio de presentes úteis para as pessoas que estão nas suas listas de transmissão de WhatsApp.

Por exemplo, se você tem uma pizzaria, uma ótima opção é enviar cupons de desconto para serem usados até determinada data, brindes para quem comprar acima de determinado valor, brindes para quem indicar aos amigos etc.

Essa simples estratégia é tão poderosa que, sozinha, pode dobrar o seu faturamento.

Para que você também possa se relacionar por meio de *e-mail*, é necessário que confirmem o cadastro na sua lista. Para isso, siga este processo:

Ofereça algum bônus ou benefício para que a pessoa se cadastre e confirme o *e-mail*. Pode ser um mini *e-book* ou um tutorial em vídeo que gere valor para o público.

Deixe claro que ele pode sair da lista a qualquer momento, bastando pedir para ser removido.

A maioria das pessoas, que aceita receber, continua por muito tempo.

Terceira forma (conteúdo nas redes sociais)

Apesar de ser bem óbvio, criar conteúdos focados no seu nicho ajuda a manter o cliente por perto.

Tudo é questão de estratégia, portanto, a mesma dica anterior é válida aqui:

Além de postar promoções do seu produto ou serviço, poste dicas, memes, curiosidades, buscando sempre relacionar o conteúdo ao seu produto ou serviço.

As pessoas devem gostar de receber o seu conteúdo. Ele deve ser útil, agradável, causar alguma emoção, se possível, emoção positiva: riso, amor, comoção, fome etc.

Por exemplo: se você tem uma hamburgueria, você pode dar dicas sobre nutrição, molhos diferentes, histórias sobre os seus lanches, sua história, memes relacionados ao seu nicho etc.

Perguntas fundamentais para a criação da sua represa de clientes e contatos:

1) Onde será feita a represa de contatos?

_____

_____

MARKETING **DE AJUDA**

2) Qual será a periodicidade de conteúdos?
_____
_____

3) Quais as regras para entrar e ficar no grupo?
_____
_____

4) Quais os benefícios exclusivos para os membros?
_____
_____

5) Quem será o responsável pela gestão do grupo?
_____
_____

6) Como será o convite para *leads* e clientes?
_____
_____

7) Quais ferramentas serão usadas na represa?
_____
_____

Parabéns, você concluiu com sucesso a leitura das 7 etapas do *Marketing* de Ajuda, vamos revisar os tópicos:

1. Problemas e desejos ocultos: sentimentos que a pessoa não conta, apenas sente.

2. **Público específico:** as pessoas que sentem essas dores e desejos.
3. **Solução perfeita:** produto ou serviço que resolve exatamente essas dores.
4. **Geração de demanda:** argumento persuasivo que atrai a pessoa certa.
5. **Oferta que conecta:** a fala certa que convence a pessoa a comprar.
6. **Processo de multiplicação:** expansão do público por meio de indicações.
7. **Represa e nutrição:** criação de comunidade e relacionamento contínuo.

Repare que, ao se aprofundar nestas etapas, você poderá construir absolutamente qualquer negócio, produto ou serviço, basta seguir os passos.

Para facilitar, veja a seguir um modelo de mapa para você preencher com os principais tópicos do seu negócio ou da sua ideia e também um exemplo já preenchido.

Após ter o mapa do seu negócio 100% desenhado, é só executar e colher os resultados.

(Acesse o modelo no *link*: **marketingdeajuda.com/mapa**)

OS NÚMEROS MÁGICOS 90/10

O planejamento e a estratégia para criar um negócio que vende muito representam 90% do sucesso. Qualquer ação sem isso corre o risco de quebrar, afinal, é contar com a sorte.

É assim em tudo na vida, inclusive, quando você precisa fazer uma negociação importante ou conversar com alguém que você está gostando, se não planejar e não tiver uma boa estratégia para abordagem, a conversa pode enroscar e o resultado ser bem abaixo do esperado. Já aconteceu de você falar com alguém e depois ficar pensando: "por que eu falei aquilo?". Pois é, nesse caso, faltou o planejamento e a estratégia.

Anote isso:

"90% É PLANEJAMENTO E ESTRATÉGIA, 10% SÃO QUESTÕES TÉCNICAS E BOTÕES PARA APERTAR!"

Portanto foque em aprender a fundo as estratégias, pois, independentemente da ferramenta que você utiliza hoje, lembre-se: elas mudam a todo momento.

Principalmente na Internet, muitas pessoas não conseguem ter resultados de verdade porque focam as energias em aprender tudo sobre a parte técnica, mas esquecem os 90% da estratégia.

As partes técnicas para execução do *Marketing* de Ajuda são extremamente simples e você aprende em tutoriais de poucos minutos.

AJUDA É A ESSÊNCIA DO MARKETING

No livro *Marketing 4.0* do grande Philip Kotler, a maior autoridade mundial quando o assunto é *marketing*, a palavra "ajuda" é encontrada 46 vezes. Isso não é por acaso, afinal, a essência do livro é justamente mostrar que "ajuda" está em alta no momento e será tendência daqui em diante.

O *Marketing* 4.0 trata justamente disso, do relacionamento próximo, do foco na ajuda verdadeira e da conexão com o cliente, focando no ser humano que existe por trás de cada negociação.

O cliente atual deseja e também exige que as soluções sejam personalizadas para as suas necessidades. Está aí a grande necessidade das empresas se adaptarem, oferecendo cada vez mais experiências boas, além de apenas produtos bons.

Avançando ainda mais, chegamos no *Marketing* 5.0, onde Kotler explica que, além de focarmos no ser humano que há por trás do cliente, a partir de agora será preciso usar cada vez mais a tecnologia da informação para melhorar ainda mais a experiência do cliente.

É uma tendência que será cada vez mais evidente, as empresas precisarão se adaptar para usar a tecnologia para atender cada vez melhor os seus clientes.

O consumidor passa a ser visto ainda mais dentro de suas individualidades e, com isso, as empresas precisam usar as plataformas digitais para conhecer os gostos, comportamentos e também objetivos específicos de cada cliente. Ou seja, é a tecnologia e o ser humano trabalhando juntos.

MARKETING **DE AJUDA**

A tecnologia ajuda a detectar padrões, armazenar dados, encontrar pessoas, interesses e comportamentos. Os seres humanos devem usá-la para questionar e descobrir soluções criativas, buscando ser empáticos em relação ao outro para que sejam criadas conexões afetivas entre empresa e cliente.

Em outras palavras, Kotler afirma que as marcas devem ter o interesse em se conectar de forma emocional com o cliente, fazê-lo se sentir importante. As empresas devem também apoiar causas sociais, ambientais. Tudo isso ajudará a transformar consumidores em embaixadores das marcas.

No *Marketing 5.0*, Kotler afirma que as pessoas estão mais preocupadas e cuidadosas consigo mesmas, com o ambiente que vivem, com o que consomem e de quem consomem. O "socialmente responsável" fará cada vez mais parte da vida das pessoas e empresas e a tecnologia ajudará nesse processo.

Isso já acontece hoje no mundo digital de forma muito visível. Um exemplo comum são as opiniões espontâneas sobre produtos e empresas que você pode ver em quase todos os produtos de lojas virtuais e outros *sites*.

Pode reparar, sempre que você vai comprar algum produto ou serviço, você pesquisa fontes e também observa os comentários dos clientes sobre aquele produto. Essa influência é poderosa na efetivação da compra.

Isso acontece tanto do ponto de vista da empresa, que terá mais recursos para conhecer as reais necessidades dos clientes, quanto dos clientes, que terão recursos para pressionar as marcas a cumprirem o seu papel na sociedade.

Com essa ajuda da tecnologia, consumidores se defendem mais facilmente de marcas ruins. E as boas marcas têm como atender ainda melhor as necessidades e exigências dos seus consumidores, tornando suas soluções mais personalizadas e especiais.

Observar e se aprofundar nessa tendência é fundamental para qualquer empreendedor, afinal, segundo estimativas das Nações Unidas, existem 3,4 bilhões de usuários da Internet – 45% da população mundial, e esse número só deve crescer nos próximos anos.

21 PRINCÍPIOS DA AJUDA
(Por William Paganelli)

21 PRINCÍPIOS DA AJUDA
(POR WILLIAM PAGANELLI)

Entenda definitivamente o poder do princípio da ajuda na vida daqueles que construíram verdadeiros impérios e conquistaram sucesso marcante em suas trajetórias.

Na vida, não basta apenas ter conhecimento ou saber das coisas, o importante é ter atitude e fazer.

Definimos no M.D.A. como TAKE ACTION (tome uma atitude), esse é o fator preponderante para que seus resultados possam acontecer de forma verdadeira, sólida e escalável.

Pensando nisso, preparei 21 princípios de ajuda que serão fundamentais para a escalada rumo aos seus sonhos. Repare que alguns princípios são parecidos com os outros, porém sempre há uma essência única. Para escrevê-los, usei como base a vivência prática ao longo destes 40 anos praticando o M.D.A.

Como diz o ditado:

"HÁ UMA DIFERENÇA GRANDE ENTRE CONHECER O CAMINHO E PERCORRER O CAMINHO!"

Você irá descobrir que para aprender, crescer e mudar não há como procrastinar com as suas atitudes.

Certa vez perguntaram para o Walt Disney: Como um único homem conseguiu construir tanta coisa em uma única vida?

Ele sabiamente respondeu:

"A CADA MINUTO EU TOMO UMA ATITUDE."

Aprendemos ao longo da vida que para se ter bons resultados não adianta apenas ficar sonhando acordado com mil e uma ideias geniais, precisamos dar o primeiro passo, colocando em prática os nossos "*insights*".

Você já ouviu falar o termo feito é melhor que perfeito?

Essa afirmação é baseada na frase do general americano George Patton, na Segunda Guerra Mundial:

"UM BOM PLANO EXECUTADO RIGOROSAMENTE AGORA É MELHOR QUE UM PLANO PERFEITO EXECUTADO NA PRÓXIMA SEMANA."

Portanto este é o nosso mantra: Take Action - tome uma atitude!

Gosto de citar que se todos tivessem acessado esses princípios quando estavam no ensino fundamental e médio, o mundo seria muito melhor. Vamos ver eles um a um.

PRINCÍPIO DA AJUDA Nº 01: INVISTA SEMPRE NAS PESSOAS!

Jorge Paulo Lemann, Marcel Telles e Beto Sicupira são os melhores exemplos disso, ergueram, em pouco mais de quatro décadas, o maior império da história do capitalismo brasileiro e ganharam uma projeção sem precedentes no cenário mundial.

No livro *Sonho grande* escrito pela Cristiane Correa, jornalista e palestrante, ela cita algumas passagens marcantes da visão estrategista sobre o mundo dos negócios de Jorge Paulo Lemann.

Extraído do livro:

"O ingrediente número um de seu molho secreto é uma obsessão em conseguir as pessoas certas, investir nelas, desafiá-las, construir a empresa com SUA AJUDA e vê-las experimentar a alegria de realizar um grande sonho."

Note que nesse parágrafo fica muito claro que sua principal preocupação é:

INVESTIR SEMPRE E, ACIMA DE TUDO, NAS PESSOAS.

Quando você AJUDA alguém de verdade a canalizar suas habilidades, capacidades e talentos, você simplesmente dá o maior presente que alguém possa receber em sua vida: OPORTUNIDADE.

E com isso você não só evolui com os seus processos e negócios, como também na formação de líderes para escalarem juntos com seus sonhos e objetivos.

No início da sua carreira, Jorge Paulo Lemann buscava conselheiros, professores para que pudesse encurtar seu caminho ao sucesso,

MARKETING **DE AJUDA**

mas o grande ponto é que ele arrumava um jeito de conectar essas pessoas umas às outras e com isso potencializar ainda mais seu aprendizado e de cada uma delas.

Nas suas primeiras peregrinações, visitou o grande industrial japonês Konosuke Matsushita (fundador da Panasonic), o varejista visionário Sam Walton (fundador do Walmart) e o grande gênio do mercado financeiro Warren Buffett.

Seu verdadeiro objetivo não era apenas conectar pessoas como disse, mas sim estimular o potencial aprendizado de todos.

Outro ponto primordial de Jorge Paulo Lemann em relação ao PRINCÍPIO DA AJUDA é de criar uma cultura MERITOCRÁTICA com incentivos alinhados.

Eles desenvolveram uma cultura coerente que dá às pessoas a oportunidade de compartilhar as recompensas do sonho grande.

Como relata Cristiane Correa, essa cultura valoriza o desempenho, não o *status*; a realização, não a idade; a contribuição, não o cargo; o talento, não as credenciais. Jorge Paulo Lemann e seus dois sócios acreditam que as melhores pessoas anseiam pela meritocracia, enquanto as pessoas medíocres, ou seja, medianas, têm medo dela.

Prova dessa visão em dar oportunidades, e AJUDAR pessoas com talento e potencial por meio da meritocracia, foi o que aconteceu com Marcel Telles, um dos seus sócios que em 1972 foi contratado pela corretora, sendo que suas primeiras semanas de trabalho foram como liquidante, uma espécie de *office boy* de luxo da época.

Para quem conhece Jorge Paulo Lemann de perto, não há dúvida de que o empresário só se tornou um bilionário de primeira grandeza porque enriqueceu dezenas de pessoas pelo caminho, esse é o verdadeiro PRINCÍPIO DA AJUDA, como relata Cristiane Correa no seu livro SONHO GRANDE.

Apenas para concluir caso você não saiba, vou descrever um pouco do que faz parte do império desses três sócios iluminados:

- Brahma;
- A Brahma compra a Antarctica e forma a Ambev;
- Americanas.com;
- Em 2006, a Americas.com compra o Submarino;
- Em 2008, compram a Budweiser, maior cervejaria do planeta;
- Fabricante de alimentos Americana Heinz;
- Rede de *fast-food*, a americana Burger King.

Atualmente, Jorge Paulo Lemann, Marcel Telles e Beto Sicupira, figuram na revista Forbes, os três estão entre as pessoas mais ricas do Brasil.

Tem um ditado popular que diz:

Semelhante atrai semelhante, no *Marketing* de Ajuda, gentileza gera gentileza, que, por consequência natural do ser humano, gera evolução pessoal, profissional e financeira.

Para consagrar essa história de sucesso desses três megaempresários, o que faz com que eles incansavelmente continuem escalando, independentemente das situações que o país ou o mundo estejam passando, são duas armas muito poderosas:

1. **Meritocracia** – remunerando e promovendo funcionários com base apenas em seu desempenho, sem levar em conta fatores como tempo de casa.
2. **Partnership** – oferecer aos melhores colaboradores e parceiros a oportunidade de se tornarem sócios da firma. Isso é *Marketing*

de Ajuda, dar a oportunidade de crescimento e evolução profissional aos que se destacarem mais.

Foi devido a essa mentalidade de Jorge Paulo Lemann em ajudar verdadeiramente os que vestem a camisa, transpiram, se doam e buscam resultados cada vez melhores, que surgiram Marcel Telles e Beto Sicupira, seus principais sócios, ambos começaram como funcionários da sua empresa.

Take action nº 01 - Tome uma atitude

Atitude
Agora, pare de ler por um instante, pegue um lápis ou caneta e faça uma lista de quais seriam seus conselheiros, professores ao longo da sua jornada e dê seu primeiro passo: busque de alguma forma se aproximar e se conectar com essas pessoas, mesmo que seja por meio do mundo digital.

Ação
Preencha as linhas abaixo, exatamente com o que vier na sua mente, sem questionar se está certo ou não, se é a melhor resposta. Simplesmente AJA.

Só continue a leitura após preencher. Isso fará toda diferença para o resultado e as mudanças que você busca.

Data de início: ___/___/___

_____

_____

PRINCÍPIO DA AJUDA Nº 02: PROATIVIDADE COM ATITUDE

Era fevereiro de 1983, eu tinha apenas 19 anos de idade. Havia acabado de mudar para a linda e acolhedora cidade de Piracicaba, estado de São Paulo, para fazer faculdade de Tecnólogo em Processamento de Dados.

Fiquei assustado logo de cara com duas peculiaridades que encontrei: primeiro, o sotaque com a pronúncia do "R" extremamente marcante, não que o meu sotaque fosse tão diferente, mas lá era muito mais forte. E, segundo, o nome da rua que me indicaram uma pensão para ficar chamada Rua BOA MORTE. Realmente achei hilário.

Logo no primeiro ano de faculdade, senti a necessidade de completar minha renda e, nesse momento, pedi a AJUDA para um amigo que morava comigo em uma casa que alugamos, ele trabalhava no extinto Banco Nacional do José de Magalhães Pinto, do qual Ayrton Senna era o garoto propaganda.

Se não fosse por sua INDICAÇÃO e AJUDA, eu não teria conseguido esse emprego, pois imagine uma cidade universitária como Piracicaba, com várias universidades, UNIMEP – Universidade Metodista de Piracicaba a que eu entrei para cursar minha primeira formação universitária; ESALQ – a famosa Escola Superior de Agricultura Luiz de Queiroz – Agronomia; Faculdade de Odontologia; Faculdade de Engenharia, dentre outras, onde todos os calouros, quando chegavam na cidade, acabavam tendo a mesma necessidade que eu tive, procurar um emprego para melhorar a renda. E as

MARKETING **DE AJUDA**

instituições financeiras eram os primeiros lugares que a maioria deixava seu currículo.

Pela AJUDA e indicação desse amigo, consegui meu emprego de cara, sem nenhuma dificuldade.

Agora preste muita atenção o que aconteceu a partir do momento em que iniciei meu trabalho como escriturário. Naquela época não tinha Internet e nem celular, ou seja, nada digital para se consultar o saldo de uma conta bancária.

Minha primeira função era ficar sentado diante de uma máquina de microfilmagem (100% manual), como se fosse um retroprojetor, onde o correntista chegava com seu talão de cheques, sentava-se ao meu lado e pedia para conferir se a folha de cheque de número 111.957 no valor de Cr$ 30,00 (ainda Cruzeiros) havia sido descontada da sua conta.

Nesse momento, eu tinha que procurar uma ficha transparente com os extratos bancários, colocar nesse aparelho, localizar manualmente a conta dele e o seu respectivo extrato.

Era uma verdadeira loucura.

Onde entrou o poder do *Marketing* de Ajuda nessa época?

Vou detalhar a partir de agora.

Após acabar meu serviço, que era ficar vendo extrato e saldo o dia todo nessa máquina, eu me oferecia para AJUDAR o pessoal que trabalhava no departamento de títulos caucionados e com isso fui pegando muita amizade com o chefe do setor.

Não deu 90 dias, já havia sido promovido para esse departamento.

O interessante é que muitas vezes eu também acabava o meu serviço antes do horário de saída. E para não ficar enrolando ou parado, pedia para AJUDAR o pessoal do caixa. No caso, para ficar vendo como eles trabalhavam.

Para AJUDAR os caixas, eu ficava verificando as assinaturas dos cheques dos correntistas quando vinham trocar um cheque por dinheiro. Naquela época, você se dirigia a um arquivo (fichário) de todos os correntistas, encontrava a ficha do cliente e comparava a sua assinatura com a folha do cheque.

Só que o interessante é que um caixa ganhava bem mais que um escriturário.

Não deram mais quatro meses e fui promovido a caixa.

Com isso, pude perceber que o ato de **AJUDAR** estava **sempre somando na minha vida** e isso me deixava muito feliz.

"PORTANTO AO UNIR ATITUDE + AJUDA VOCÊ SEMPRE CHEGARÁ MAIS RÁPIDO NOS SEUS OBJETIVOS!"

Take action nº 02 - Tome uma atitude

Atitude

A pergunta que quero lhe fazer é a seguinte: quem você está AJUDANDO no seu tempo ocioso que poderá levá-lo para o próximo nível?

Descreva quem você poderá AJUDAR a partir de agora e de que forma.

Ação

Preencha as linhas abaixo exatamente com o que vier na sua mente, sem questionar se está certo ou não, se é a melhor resposta. Simplesmente AJA.

Só continue a leitura após preencher. Isso fará toda diferença para o resultado e as mudanças que você busca.

Data de início: ___/___/___

_____
_____

PRINCÍPIO DA AJUDA Nº 03: UNIÃO DE PROPÓSITOS É SINÔNIMO DE SUCESSO

Quando a mágica acontece!
Deus não une pessoas, ele une propósitos!
É incrível como semelhante atrai semelhante por meio de um princípio básico e universal: AJUDAR PESSOAS.

Quando esses três gênios se encontraram, o universo conspirou positivamente para suas ações, pois o foco principal sempre esteve voltado a ajudar pessoas a construírem e realizarem os seus sonhos. Digo construir, pois eles vão muito mais além do que simplesmente ajudar a realizar um sonho, eles participam ativamente da descoberta de um propósito de vida quando isso ainda falta.

Estou me referindo a:

- Jim Collins, guru de Jorge Paulo Lemann, no seu livro "*Vencedoras por opção*", em que ele questiona: **"Você prefere ter um chefe legal e um trabalho medíocre ou trabalhar para alguém exigente e participar de algo que fará história?"**.
- Guilherme Benchimol – que criou a XP e iniciou a maior revolução do mercado financeiro brasileiro. Irei falar seu princípio da ajuda logo mais adiante.
- Jorge Paulo Lemann – que já foi citado, e possui como princípios básicos a meritocracia, o baixo custo e a simplicidade.

Quando citei que o universo conspira, veja isso: Jim Collins escreveu o prefácio do livro SONHO GRANDE que conta a história de Jorge Paulo Lemann, Marcel Telles e Beto Sicupira.

Por sua vez, Jorge Paulo Lemann escreveu o prefácio do livro "NA RAÇA", que conta a saga da vida de Guilherme Benchimol criador da XP.

Tudo isso só pôde acontecer devido ao princípio básico e universal:

QUANTO MAIS PESSOAS VOCÊ AJUDA, MAIOR SERÁ O SEU IMPÉRIO!

Take action nº 03 - Tome uma atitude

Atitude

Sua próxima tarefa ou missão é buscar pessoas com os mesmos propósitos que o seu e começar um relacionamento de troca de conhecimento, de experiências e de AJUDA. Como se fosse um grupo de estudo como os estudantes denominam.

Ação

Preencha as linhas abaixo exatamente com o que vier na sua mente, sem questionar se está certo ou não, se é a melhor resposta. Simplesmente AJA. Só continue a leitura após preencher. Isso fará toda diferença para o resultado e as mudanças que você busca.

Data de início: ___/___/___

_____

_____

PRINCÍPIO DA AJUDA Nº 04: PREPARE O SEU PÚBLICO PARA A COMPRA

Dizem que algumas pessoas nascem com a estrela na testa e dizem que tem outras que onde colocam as mãos, vira ouro. Hoje, vendo os resultados dessas pessoas, muitos podem pensar assim até realmente conhecerem como tudo começou.

Uma das mais bem-sucedidas histórias de empreendedorismo do Brasil começou com uma demissão. Em 2001, Guilherme Benchimol iniciava sua carreira no mercado financeiro carioca quando perdeu o emprego.

Quem ler o seu livro irá entender o verdadeiro motivo, mas, envergonhado, ele decidiu "fugir" do Rio de Janeiro, pegou o carro e dirigiu por quase 20 horas até Porto Alegre. Longe dos principais centros financeiros do país, fundou uma modesta empresa de investimentos, a XP.

Para terem uma ideia, hoje a XP vale dezenas de bilhões de reais e Guilherme é multibilionário.

O mais intrigante e óbvio, pelo menos para ele, foi sua visão sobre como poderia ser movida a engrenagem do mundo financeiro, que, para a grande parte da população, entender de aplicações e ações era muito complicado.

Mas na sua clareza para vislumbrar negócios, ele percebeu que nesse mundo financeiro o óbvio quase ninguém via e decidiu criar seu próprio modelo de vendas, baseado em algo muito simples: se para comprar um produto ou serviço, primeiro o consumidor precisa pelo menos saber o que é ou entender do que se trata, no mundo financeiro não poderia ser diferente.

Só que, até então, nenhuma outra instituição financeira havia enxergado o que ele já tinha visto, percebido e planejado.

Guilherme começou a dar aulas sobre investimentos e esclarecer toda a terminologia que, para grande parte dos clientes normais de um banco, é "grego", mostrando como eram feitas as transações na prática. E com isso AJUDOU de forma assertiva os seus futuros clientes a terem não somente as informações necessárias para aplicarem seus ganhos e terem bons lucros, mas principalmente, ganhava a confiança daqueles que ainda não tinham investido nenhum centavo.

Isso deixa claro que:

ANTES DE QUERER GANHAR, AJUDE E FAÇA O SEU PÚBLICO CONHECER VOCÊ, SABER COMO USAR E EXPLORAR CADA VEZ MAIS OS SEUS PRODUTOS OU SERVIÇOS.

Dessa forma, tudo passa a fazer muito mais sentido, tanto para quem compra (cliente) como para quem é o fornecedor.

Take action nº 04 - Tome uma atitude

Atitude

O que você está fazendo para agregar valor ao seu público em termos de informação, tanto em relação ao seu negócio e, principalmente, em relação ao seu produto?

Crie um plano estratégico com as principais dificuldades, dúvidas ou barreiras que estão o impedindo de vender mais e ter mais clientes.

E, com isso, basta agir e fazer como Guilherme Benchimol fez, dê palestras, aulas, cursos e ensine as pessoas como seu produto ou serviço poderá mudar as suas vidas.

Isso pode ser feito com palestras presenciais e até mesmo por meio de um *blog*.

Como diz o Professor Marins: "Saia do plano do choro para o plano da ação".

Ação

Preencha as linhas abaixo exatamente com o que vier na sua mente, sem questionar se está certo ou não, se é a melhor resposta. Simplesmente AJA.

Só continue a leitura após preencher. Isso fará toda diferença para o resultado e as mudanças que você busca.

Data de início: ___/___/___

_____

_____

PRINCÍPIO DA AJUDA Nº 05: AJUDAR GERA RECIPROCIDADE

A história de Robert B. Cialdini é fantástica. É o psicólogo social mais respeitado nos estudos da influência e da persuasão. Com mais de 2 milhões de exemplares vendidos, seu livro "*As armas da persuasão*" já foi publicado em 26 idiomas. Entre seus clientes estão Google, Microsoft, Bayer, Coca-Cola, Pfizer, Universidade de Harvard, dentre outros.

Fiz questão de relatar um pouco sobre seu perfil, pois o que ele ensina é realmente revolucionário se aplicado na sua vida e negócios.

Quando citamos que o *Marketing* de Ajuda - M.D.A. tem o poder natural de transformar vidas, Cialdini tangibiliza esse tema no seu livro "*As armas da persuasão*" com uma história emocionante de vida que vou transcrever a partir de alguns trechos:

"A incrível história dos 5 mil dólares em AJUDA humanitária trocados entre o México e a Etiópia. Em 1985, a Etiópia era o país que enfrentava os maiores sofrimentos e privações do mundo. Sua economia estava em ruínas. O suprimento de comida havia sido devastado por anos de seca e guerra civil. Os habitantes morriam aos milhares de doenças e fome. Diante dessas circunstâncias, eu não me surpreenderia com uma ajuda humanitária de 5 mil dólares do México para aquele país tão carente. Lembro-me de minha sensação de espanto, porém, quando uma matéria sucinta de jornal insistiu em dizer que a ajuda se deu na direção oposta. Funcionários nativos da Cruz Vermelha etíope tinham decidido enviar o dinheiro para ajudar as vítimas dos terremotos daquele ano na Cidade do México."

MARKETING DE AJUDA

No seu relato, Cialdini cita no livro que um jornalista havia ficado pasmo com as ações dos etíopes e foi buscar uma explicação que chegou a seguinte conclusão:

A resposta que recebeu ofereceu uma validação eloquente da regra da reciprocidade. Apesar das enormes carências predominantes na Etiópia, o dinheiro estava sendo enviado ao México porque, em 1935, o México havia mandado AJUDA à Etiópia quando esta foi invadida pela Itália ("Ethiopian Red Cross", 1985).

A NECESSIDADE DE RETRIBUIR UMA AJUDA HAVIA TRANSCENDIDO GRANDES DIFERENÇAS CULTURAIS.

Longas distâncias, uma fome cruel, muitos anos e interesses imediatistas. Meio século depois, contra todas as forças contrárias, a reciprocidade triunfou.

Take action nº 05 - Tome uma atitude

Atitude
O que você faz de verdade para AJUDAR o seu público, clientes, ex-clientes, *prospects* para que tenham uma vida cada vez melhor?

Ação
Preencha as linhas a seguir exatamente com o que vier na sua mente, sem questionar se está certo ou não, se é a melhor resposta. Simplesmente AJA.

Só continue a leitura após preencher. Isso fará toda diferença para o resultado e as mudanças que você busca.

Data de início: ___/___/___

_____
_____

PRINCÍPIO DA AJUDA Nº 06: CRESÇA SOMANDO ESFORÇOS

O dia em que o mundo, os seres humanos, as empresas, os CEO´s, líderes, gestores, executores se derem conta e entenderem que a AJUDA é a chave que abre todas as portas para o sucesso tanto no pessoal quanto no coletivo (sentido de trabalho em equipe), tudo será diferente.

Haverá muito menos críticas e mais AJUDA para encontrar soluções. Muito menos competição e muito mais cooperativismo.

Todos vão entender que:

PARA CRESCER E EVOLUIR, NÃO ADIANTA PUXAR O TAPETE DAQUELES QUE ESTÃO SOB O MESMO TETO, É PRECISO AJUDAR PARA QUE TODOS ATINJAM SUAS METAS!

Pois esse conjunto de trocas e torcidas positivas acabará levando muito mais pessoas ao topo.

Quem você acha que é o povo que mais construiu enxadristas vitoriosos no mundo?

Os soviéticos.

Sabe por quê?

Porque eles jogam juntos como equipe, eles AJUDAM uns aos outros e a grande maioria dos enxadristas dos outros países trabalha sozinha, é muito individualista.

Para quem quiser conhecer um pouco dessa história dos campeões soviéticos jogadores de xadrez, assista a minissérie pela Netflix – *O Gambito da Rainha*.

Take action nº 06 - Tome uma atitude

Atitude
Independentemente se você está trabalhando em uma empresa ou está desempregado, intensifique o relacionamento com sua equipe ou familiares, pois isso irá levá-lo com certeza para o próximo nível.

Se for no ambiente de trabalho, inicie mais reuniões de *"Brainstorming"*, em que todos participam com suas ideias e, no final, se sintam valorizados por terem feito parte do processo.

Anote quem participará da sua equipe e quais os temas que irão começar a discutir.

Se estiver desempregado, reúna-se com parentes ou amigos e discutam sobre oportunidades. Irá se surpreender com os resultados.

Pois, em ambos os processos, a AJUDA entre os participantes irá prevalecer de tal forma que todos sairão ganhando.

Ação
Preencha as linhas a seguir exatamente com o que vier na sua mente, sem questionar se está certo ou não, se é a melhor resposta. Simplesmente AJA.

Só continue a leitura após preencher. Isso fará toda diferença para o resultado e as mudanças que você busca.

MARKETING **DE AJUDA**

Data de início: ___/___/___

_____
_____

PRINCÍPIO DE AJUDA Nº 07: INFLUENCIE POSITIVAMENTE AS PESSOAS

"Você nunca será um piloto, pois você não gosta de matemática!"

Essa foi a frase que Marcos Wesley ouviu quando tinha apenas 10 anos de idade, aquilo ecoou na sua mente por muitos anos. Tanto é que, até hoje, ainda conta essa passagem em sua palestra para o TED, um evento mundial que reúne pessoas de grande influência em suas áreas.

Existe um antigo ditado que diz:

"PALAVRA E PEDRA SOLTA NÃO TÊM VOLTA!"

Por isso, é fundamental que tomemos cuidado com o que falamos, principalmente se isso tem a ver com o sonho de alguém.

No caso do Marcos Wesley, ele sempre foi muito curioso, inquieto, era diferente da maioria das crianças, gostava de Star Wars e não gostava da escola, achava que aquilo não fazia muito sentido, nem atendia às suas expectativas. Foi aí que comentou com o professor sobre o seu sonho de ser piloto e recebeu essa dura crítica, naquela hora, o professor poderia tê-lo feito desistir, é o que acontece com muitas pessoas, principalmente se tratando de uma criança.

MARKETING **DE AJUDA**

Lembre-se, quando você emite uma crítica contra o sonho de alguém, você está se baseando no seu mapa de mundo e não no dela, nesse caso, além de prejudicá-la, você também ficará marcado para sempre como uma pessoa negativa, portanto, troque a crítica por palavras positivas.

Por razões desconhecidas, mas que com certeza têm a ver com a forte intuição que já carregava, o Marcos Wesley não se deixou influenciar e continuou na busca pela realização do seu objetivo. Ele não queria esperar para realizar os sonhos, por isso começou cedo a "planejar" o que faria no seu futuro: ainda criança, brincava de construir casas com pedaços de azulejos que encontrava em restos de construções.

Com apenas 11 anos, começou a engraxar sapatos, pouco tempo depois, vendia de porta em porta itens de cama, mesa e banho, com 13 anos já começou a estudar à noite para se dedicar ao trabalho durante o dia.

Em 1984, comprou o seu primeiro computador, com ele aprendeu a programar, e isso começou a desenvolver ainda mais o seu raciocínio lógico. Também trabalhou como programador durante alguns anos, até que, em 1996, criou a Zoom Education.

Seu objetivo com a Zoom era criar escolas diferentes e usar a robótica para desenvolver o potencial de cada aluno, visto que o sistema educacional convencional nem sempre incentiva e respeita as habilidades e formas de aprendizagem individuais dos alunos.

Como ele sempre disse, robótica não é apenas sobre pessoas construindo robôs, mas trata-se também de robôs construindo pessoas, desenvolvendo o senso de trabalho em equipe, resolução de problemas, visão sistêmica etc.

É o foco em desenvolver habilidades naturais e criar novas, é o aprender fazendo.

A Zoom foi ganhando escala pela inovação, foi levada para escolas públicas e particulares de todo o Brasil, inclusive, como iniciativa social, foi a empresa que introduziu os torneios de robótica em 1999 aqui no Brasil. Tornou-se ao longo dos anos parceira de multinacionais como a Lego, chegando a ser o maior parceiro comercial da Lego no mundo.

Marcos Wesley, por meio de suas empresas, influencia positivamente e incentiva milhões de jovens e adultos ao longo dos anos. Já foram mais de 8 mil escolas atendidas e 2,5 milhões de alunos atendidos com os programas da Zoom.

A missão da Zoom é "oferecer experiências de aprendizagem inovadoras e disruptivas que despertem no ser humano o encantamento pela vida e pelo desenvolvimento pleno da inteligência nas suas expressões cognitiva, emocional e social".

Sobre o sonho de ser piloto, o Marcos Wesley realizou-o em 2009, quando se tornou piloto de aviação anfíbia, inclusive, hoje vive em um condomínio de aviadores para voar sempre que deseja.

Ele aprendeu que você pode mudar a vida das pessoas ao incentivá-las e ajudá-las, ele usou a educação e a robótica para isso, mas cada um tem algo que possa ser usado como instrumento de transformação. A prosperidade foi a consequência da sua missão, ele acabou transformando uma crítica em uma grande lição de vida.

Para saber mais sobre a Zoom, acesse: https://zoom.education.

Take action nº 07 - Tome uma atitude

Atitude

Pense em pelo menos três pessoas que você conhece e que pode usar o seu conhecimento e experiência para incentivá-las a desenvolver suas ideias e projetos, liste-as a seguir e como você poderá ajudá-las.

MARKETING **DE AJUDA**

Ação

Preencha as linhas abaixo exatamente com o que vier na sua mente, sem questionar se está certo ou não, se é a melhor resposta. Simplesmente AJA.

Só continue a leitura após preencher. Isso fará toda diferença para o resultado e as mudanças que você busca.

Data de início: ___/___/___

_____
_____

PRINCÍPIO DA AJUDA Nº 08: AJUDE O SEU CLIENTE A TOMAR AS MELHORES DECISÕES

Joe Girard, o maior vendedor do mundo, que entrou para o *Guinness Book* por vender sozinho 1.425 carros em um ano, no seu livro *"Como fechar qualquer venda"*, com Robert L. Shook, relata o seguinte:

"Alguns vendedores perdem de vista o fato de que parte de suas atribuições consiste em AJUDAR os clientes. Sim, foi isso mesmo o que eu disse. As atribuições da sua função incluem AJUDAR os clientes. Em primeiro lugar, você precisa lhes dizer que benefícios terão com o seu produto e que valor receberão em troca do dinheiro gasto.

Em segundo, tem que ajudá-los a tomar a decisão correta de compra.

E em terceiro, tem que prestar-lhes serviços pós-venda.

Tudo isso se resume no seguinte: você causa um sério prejuízo ao cliente quando o deixa em cima do muro, incapaz de chegar a uma conclusão."

Trocando em miúdos, o que Joe Girard quis dizer é muito simples e óbvio: se o cliente entra no seu estabelecimento ou negócio para comprar um produto ou serviço e sai sem concluir a compra, significa que você falhou e não ele.

Só que a maioria acha que foi o cliente que não quis comprar ou fechar o negócio.

O que de fato acontece nessa hora é que muitos clientes são inseguros e por vezes nem sabem exatamente como comprar o que desejam.

MARKETING **DE AJUDA**

Nessa hora, cabe ao vendedor ajudá-lo, informá-lo, guiá-lo de forma correta para concretização do seu desejo, que é consumar a compra.

VOCÊ PRECISA PREPARAR O PALCO ANTES DA COMPRA, COMO CITA JOE GIRARD.

Para que a venda aconteça, você precisa ter um profundo conhecimento do que está vendendo, saber exatamente quais as principais objeções do seu produto e como contorná-las.

Feito isso, você passará a ter muito mais fechamentos positivos de vendas e com isso irá aumentar demasiadamente a satisfação dos seus clientes, terá indicações e as recomendações por parte deles se tornarão cada vez mais espontâneas.

Take action nº 08 - Tome uma atitude

Atitude
A pergunta é: o que de fato você faz para AJUDAR VERDADEIRAMENTE os seus clientes. Pare agora e prepare seu guia de detalhamento do seu produto, sua lista de objeções, e como contorná-las para que possa atender as expectativas e anseios dos seus clientes.

Ação
Preencha as linhas a seguir exatamente com o que vier na sua mente, sem questionar se está certo ou não, se é a melhor resposta. Simplesmente AJA.

Só continue a leitura após preencher. Isso fará toda diferença para o resultado e as mudanças que você busca.

WILLIAM PAGANELLI & ELIAS FERNANDO

Data de início: ___/___/___

_____
_____

PRINCÍPIO DA AJUDA Nº 09: DEFINA O SEU PROPÓSITO

Como já deve ter percebido, sou um apaixonado por livros, pois ler, além de orientar, encurta caminhos para que possa atingir as suas metas e objetivos de vida.

Exatamente em julho de 1994 li um livro que mudou muito o rumo dos resultados da minha vida.

O nome dele é "A MÁGICA DE PENSAR GRANDE" de David J. Schwartz, e seu ponto central é:

O ÚNICO MEIO DE REALIZAR GRANDES COISAS É PENSAR EM TERMOS GRANDIOSOS.

Você não precisa ser dotado de uma capacidade intelectual fora de série para obter um desempenho excepcional no trabalho e alcançar prestígio, dinheiro e influência. Tudo o que você precisa é adquirir o hábito de pensar e agir de maneira grandiosa.

David conta em um capítulo do seu livro que certa vez um jovem o procurou pedindo AJUDA relacionada à sua profissão.

Esse jovem aparentava boas maneiras e inteligência. Era solteiro e tinha terminado o ginásio há quatro anos.

Conversaram um pouco sobre o que ele estava fazendo, sua instrução, suas aptidões e seu passado de um modo geral.

Então, David lhe disse:

— Você veio para que eu o AJUDASSE a mudar de emprego. Que espécie de trabalho você pretende?

E o jovem disse: Bem, foi por isso que vim procurá-lo. Não sei o que quero fazer.

Nessa hora, David percebeu que seu problema era muito comum e que nada adiantaria arranjar-lhe uma série de entrevistas com vários possíveis empregadores.

Para não alongarmos nessa história, foi aí que David percebeu nitidamente que esse jovem não sabia exatamente o que queria da sua vida, então lhe fez a seguinte pergunta:

— Vamos encarar o plano da sua carreira deste ângulo. Você será capaz de descrever-me sua própria imagem, como será daqui a dez anos?

Depois de estudar a pergunta, o jovem respondeu:

— Bom, creio que o que desejo é mais ou menos o que todo mundo deseja: um bom emprego que pague bem e um belo lar. E o jovem concluiu: "realmente não tenho pensado muito nisso."

Nisso, David lhe disse que o ato de escolher uma carreira era semelhante ao de comprar uma passagem de avião. Se você disser ao agente "Dê-me uma passagem", mas não explicar aonde quer ir, ele nada poderá fazer por você.

E, dessa forma, eu também não poderei AJUDÁ-LO a encontrar um emprego sem saber para onde você pretende ir, o que só você poderá me dizer.

O jovem acabou aprendendo a lição mais importante do planejamento de uma carreira:

ANTES DE PARTIR, SAIBA PARA ONDE QUE IR.

David, no seu livro, nos deixou uma grande lição com esse exemplo do jovem para evoluirmos com nossos negócios, nos deixando sua AJUDA em 2 etapas:

MARKETING **DE AJUDA**

Em primeiro lugar, visualize o seu futuro em termos de três departamentos: trabalho, lar e sociedade. Dividindo sua vida desse modo, você não fica confuso, evita os conflitos e encara o quadro geral com mais facilidade.

Em segundo lugar, responda clara e precisamente a essas perguntas:

- O que desejo realizar na vida?
- O que desejo ser?
- O que é preciso para me satisfazer?

No *take action*, vou deixar um guia de planejamento incrível que ele detalhou de forma brilhante.

Take action nº 09 - Tome uma atitude

Atitude
Responda as perguntas sobre como você se vê daqui a 10 anos.
Um guia de planejamento para 10 anos.

A. Departamento de trabalho, daqui a 10 anos:

1. Que rendimento terei conseguido?
2. Que grau de responsabilidade pretendo ter?
3. Quanta autoridade desejo exercer?
4. Que prestígio desejo obter no meu trabalho?

B. Departamento do lar, daqui a 10 anos:

1. Que padrão de vida desejo dar à minha família e a mim próprio?

2. Em que espécie de casa desejo morar?

3. Que tipo de férias desejo tirar?

4. Que apoio financeiro desejo dar a meus filhos nos seus primeiros anos de adultos?

C. Departamento social, daqui a 10 anos:

1. Que tipo de amigos desejo ter?

2. A que grupos sociais desejo juntar-me?

3. Que posições de liderança na comunidade eu gostaria de ter?

4. De que causas dignas pretendo ser o paladino?

Ação

Preencha as linhas abaixo exatamente com o que vier na sua mente, sem questionar se está certo ou não, se é a melhor resposta. Simplesmente AJA.

Só continue a leitura após preencher. Isso fará toda diferença para o resultado e as mudanças que você busca.

Data de início: ___/___/___

_____

_____

PRINCÍPIO DA AJUDA Nº 10: SENTIDO DE PERTENCIMENTO

Por que as Cooperativas cresceram no mundo inteiro? Pelo princípio básico de AJUDA de ter sócios e não apenas clientes. Isso gera de imediato um sentido de pertencimento, o que leva os participantes a se sentirem acolhidos e muito mais assistidos.

COM O SENTIMENTO DE PERTENCIMENTO, É POSSÍVEL QUE OS INDIVÍDUOS VALORIZEM E CUIDEM MAIS DO AMBIENTE EM QUE ESTÃO INSERIDOS E DAS PESSOAS, SERES E COISAS QUE PARTICIPAM DALI.

Também são resgatados alguns sentimentos como o amor, o cuidar, valores, ética e respeito.

Uma das principais vantagens de um empreendedor cooperado é que o empreendedor capitalista busca o lucro individual e os empreendedores cooperativos buscam vantagens para todo o grupo.

Essas vantagens não são necessariamente de ordem financeira.

Em uma cooperativa de produção, por exemplo, a vantagem é o ganho de escala, que propicia melhores negociações.

Três vantagens primordiais de uma cooperativa:

1. Você é um dos donos do negócio

Em uma cooperativa, você não é apenas um cliente. É um dos donos. Você participa das decisões, da política operacional à precificação. A gestão é democrática e transparente.

2. Você recebe uma parte dos resultados

Como uma cooperativa não visa lucros, quando há sobras, elas são repartidas entre todos os associados, conforme a participação de cada um nas atividades da instituição.

3. A comunidade também sai ganhando

De acordo com o princípio do Interesse Pela Comunidade (um dos sete princípios do cooperativismo), as cooperativas têm um compromisso com o desenvolvimento de sua região. Devem respeitar as peculiaridades sociais e a vocação econômica do local, desenvolvendo soluções de negócios e apoiando ações humanitárias e socioambientalmente sustentáveis, voltadas ao desenvolvimento da comunidade onde estão instaladas.

Um dos pontos mais relevantes que considero fantástico é que as cooperativas são organizações autônomas, de AJUDA mútua, controladas pelos seus membros.

Take action nº 10 - Tome uma atitude

Atitude

Seguindo o modelo e os preceitos do cooperativismo, elabore um plano de forma que você possa AJUDAR seus clientes a evoluírem e crescerem com suas vidas e negócios.

Uma das formas é a Estratégia de Nº 07 do mapa do M.D.A., Represa e Nutrição.

O grupo dá aos participantes a oportunidade de fazerem parte de um time e, com isso, terem a possibilidade de interagirem entre eles, além de esclarecerem dúvidas e evoluírem em termos de conhecimento prático para expandir com seus negócios.

MARKETING **DE AJUDA**

IMPORTANTE: se você ainda não está participando da nossa Comunidade *Marketing* de Ajuda, solicite o seu acesso pelo *link*: **marketingdeajuda.com/comunidade**

Ação

Preencha as linhas abaixo exatamente com o que vier na sua mente, sem questionar se está certo ou não, se é a melhor resposta. Simplesmente AJA.

Só continue a leitura após preencher. Isso fará toda diferença para o resultado e as mudanças que você busca.

Data de início: ___/___/___

_____
_____

PRINCÍPIO DA AJUDA Nº 11: DÊ INFORMAÇÕES E AUTONOMIA PARA A SUA EQUIPE EVOLUIR!

Muitos acham que o Google, uma das empresas mais poderosas do mundo, tem como princípio básico as pesquisas e assuntos diversos sobre qualquer tema. NÃO, o que ele faz é AJUDAR as pessoas a encontrarem as RESPOSTAS.

Qual era a grande dificuldade do ser humano antes do Google?

Buscar AJUDA, encontrar RESPOSTAS para resolver os seus problemas do dia a dia.

Basta lembrar como era um simples trabalho de escola antes do famoso buscador.

Faça o teste. Pare de ler por um instante e pesquise agora no seu celular no GOOGLE:

A resposta será:

MARKETING **DE AJUDA**

> **Google** qual o principal objetivo do google
>
> Q Todas 📰 Notícias 🛒 Shopping ▶ Vídeos 🖼 Imagens ⋮ Mais   Ferramentas
>
> Aproximadamente 364.000.000 resultados (0,53 segundos)
>
> Nossa missão é organizar as informações do mundo para que sejam universalmente acessíveis e úteis para todos.
>
> https://about.google › intl › ALL_br
> Google - Sobre
>
> Sobre trechos em destaque • Feedback

Já parou pra pensar friamente o motivo que levou o Google ser a maior empresa de fornecimento de informação do mundo e qual o segredo do seu sucesso?

FOI A INTELIGÊNCIA DE DAR ASAS PARA SEUS FUNCIONÁRIOS (CHAMADOS CARINHOSAMENTE DE GOOGLERS) CRIAREM SOLUÇÕES CADA VEZ MELHORES PARA OS SERVIÇOS QUE OFERECEM:

Google Buscador, Google Chrome, Google Maps, Google Docs, Google Forms, Google Analytics, Google Drive, Google Imagens, Google Shopping, Google Notícias, Google Livros, Google Acadêmico, Google Voos, Google Hotel Finder, Google Gmail, Google YouTube, Google Fotos, Google Tradutor, Google Alerts, enfim mais uma infinidade de serviços que são criados com excelência.

O Google valoriza a coragem das pessoas que tentam, erram, acertam e criam serviços que bilhões de clientes precisam para serem mais produtivos.

Ele também valoriza as pessoas que saem da zona de conforto do tradicional funcionário, aquele que pensa que é "pago para fazer e não para pensar".

Os *googlers* gostam de pensar como se fossem donos da Google.

Take action nº 11 - Tome uma atitude

Atitude

Quais os serviços você oferece para seus clientes que podem ser aprimorados por meio de melhores informações?

Quais os serviços que você ainda não tem que podem ser criados para facilitar ainda mais a vida dos seus clientes?

Comece a descrever como a sua equipe atual ou futura irá ajudar no desenvolvimento dessas soluções.

Ação

Preencha as linhas abaixo exatamente com o que vier na sua mente, sem questionar se está certo ou não, se é a melhor resposta. Simplesmente AJA.

Só continue a leitura após preencher. Isso fará toda diferença para o resultado e as mudanças que você busca.

Data de início: ___/___/___

_____
_____

PRINCÍPIO DA AJUDA Nº 12: AJUDAR O PRÓXIMO FAZ BEM

Você já tinha ouvido falar em OXITOCINA?

Ela é considerada o neurotransmissor dos vínculos emocionais, portanto, é motivada por um abraço ou aquele olhar carinhoso.

É um composto cerebral importante na construção da confiança, algo imprescindível para estabelecer vínculos afetivos.

A oxitocina ficou conhecida também como o hormônio que promove sentimentos de amor, união social e bem-estar.

Poucas pessoas no mundo sabem o que acontece internamente quando você AJUDA ALGUÉM.

Está comprovado que quando se faz uma ação voluntária, seu cérebro é estimulado a produzir OXITOCINA.

DESSA FORMA, O ATO DE AJUDAR NOS BENEFICIA INCLUSIVE NA SAÚDE MENTAL, EMOCIONAL E DO CORPO.

Uma das formas de produzir OXITOCINA é ajudando pessoas, como, por exemplo, em uma ação voluntária.

Perceba que existem várias instituições filantrópicas e ONGs com milhares de voluntários exercendo um papel maravilhoso perante a sociedade.

Quando isso acontece, TODOS SAEM BENEFICIADOS.

Take action nº 12 - Tome uma atitude

Atitude
Escolha uma pessoa ou família para ajudar de forma voluntária. Além de melhorar a sua mente e o seu bom humor, você ainda AJUDARÁ o próximo, dando a esse ser humano a chance de melhorar de vida.

Ação
Preencha as linhas abaixo com 3 ações voluntárias que irá realizar nos próximos 7 dias, sem questionar se está certo ou errado, apenas aja.

Só continue a leitura após preencher. Isso fará toda diferença para o resultado e as mudanças que você busca.

Data de início: ___/___/___

_____
_____

PRINCÍPIO DA AJUDA Nº 13: O PODER DE UMA HISTÓRIA

Você sabia que o ato de ouvir histórias pode liberar alguns hormônios? Um deles é a dopamina, que nos faz ficar atentos, envolvidos, criativos. Outro é a oxitocina, talvez o mais bonito deles: responsável por ficarmos generosos, confiantes, pela criação de laços e da empatia, citado no princípio da ajuda nº 12.

O poder de contar histórias também é conhecido como *storytelling*.

O *storytelling* é a habilidade de contar histórias utilizando enredo elaborado, narrativa envolvente, persuasiva e recursos audiovisuais, aumentando o poder de persuasão da sua negociação e facilitando o processo do fechamento de vendas.

No mundo corporativo, o *storytelling* se refere à prática de desenvolver uma narrativa em torno de um produto na intenção de agregar mais valor a ele e à marca.

Veja este vídeo e se emocione, perceba que ele ilustra muito bem o poder do *storytelling*:

Link do vídeo: marketingdeajuda.com/edeka (Título: Comercial de Natal | EDEKA Weihnachtsclip)

O anúncio é de um supermercado, porém, completamente diferente de um anúncio convencional sobre as promoções e os produtos que a empresa vende.

Note que as grandes empresas, Itaú, Coca-Cola, Nike, AirBnB, sempre fazem uso dessa técnica, basta observar os seus comerciais.

POIS QUANDO VOCÊ ESCUTA OU ASSISTE UMA HISTÓRIA ENVOLVENTE, MUITO BEM CONTADA, VALE MUITO MAIS QUE MIL ATRIBUTOS OU CARACTERÍSTICAS TÉCNICAS SOBRE O PRODUTO.

O que isso tem a ver com o *Marketing* de Ajuda?

É mais um princípio altamente eficaz e persuasivo que irá AJUDAR o seu cliente a entender e compreender de forma muito mais clara, emocional e vivencial, despertando a necessidade de comprar o seu produto.

Take action nº 13 - Tome uma atitude

Atitude

Invista um tempo para sentar-se calmamente, relembrar todos os fatos que fazem seu negócio ou produto terem uma significância por meio de uma história e não procrastine mais, comece a escrever cada uma.

Conte para as pessoas envolvidas no processo comercial do seu negócio, parceiros, sócios, colaboradores e terá uma arma superpoderosa para AJUDAR nos fechamentos de mais vendas.

MARKETING **DE AJUDA**

Ação

Preencha as linhas abaixo exatamente com o que vier na sua mente, sem questionar se está certo ou não, se é a melhor resposta. Simplesmente AJA.

Só continue a leitura após preencher. Isso fará toda diferença para o resultado e as mudanças que você busca.

Data de início: ___/___/____

_____
_____

PRINCÍPIO DA AJUDA Nº 14: PRATIQUE A AJUDA ESPONTÂNEA

Provavelmente você já deve ter se deparado, navegando pelo Facebook, com um *post* mais ou menos assim: *Alguém conhece um veterinário que faça plantão de domingo?*

O mais interessante é que geralmente olhamos, sabemos até a resposta e não AJUDAMOS dando a indicação.

Imagine quantas pessoas que já passaram pelo seu *feed* de notícias que você ignorou, mesmo podendo ajudar, usando muitas vezes um minuto apenas do seu tempo, mas que para aquela pessoa faria toda diferença.

Agora imagine também quantas dessas pessoas poderiam ser seus futuros clientes por uma simples AJUDA que dispensou.

DIGO SEMPRE QUE NESSA VIDA SÓ COLHEMOS O QUE PLANTAMOS, NEM MAIS E NEM MENOS. APENAS NA MEDIDA DAQUILO QUE FIZEMOS PARA OS OUTROS OU DEIXAMOS DE FAZER.

O mundo dá muitas voltas e no M.D.A. você irá perceber que o ato de AJUDAR é agregador em todos os sentidos e circunstâncias, pois a vida é feita e construída com base em relacionamentos sinceros e honestos.

A partir de agora, quando se deparar com um *post* de alguém lhe solicitando AJUDA e você puder colaborar, não pense duas vezes, dê o seu melhor.

MARKETING **DE AJUDA**

Hoje mesmo, enquanto escrevia este livro, parei por alguns instantes para descansar e, quando olhei em um grupo no WhatsApp do qual faço parte, uma participante estava solicitando uma AJUDA: "Pessoal, vocês sabem onde posso mandar fazer quadros brancos de fórmica?".

Um outro participante lhe deu uma dica para usar uma lousa de vidro, dizendo a ela que poderia simplesmente mandar cortar um pedaço de vidro, jatear de branco um dos lados ou até mesmo pintar.

Nessa hora, entrei no Mercado Livre, pesquisei lousa de vidro, dei um *print* na tela e postei no grupo.

Isso não me custou nem um minuto.

Amanhã pode ser eu precisando de alguma outra informação e também gostaria muito que alguém me ajudasse.

Pense nisso! Como anda seu senso de AJUDA ESPONTÂNEA?

Take action nº 14 - Tome uma atitude

Atitude
Invista uma parte muito pequena do seu tempo nas redes sociais. Quando alguém estiver solicitando uma AJUDA, faça sua parte se assim puder.

Com esse ato, você estará acionando o "gatilho da reciprocidade e da gratidão" nessa pessoa. Só que não faça com o sentimento da troca, faça de coração. Fará muito bem a você.

Lembre-se:
O universo conspira a favor daqueles que fazem por merecer.

Exercite-se:
Anote agora algumas ações de ajuda que você vai fazer nos próximos 7 dias.

Ação

Preencha as linhas abaixo, exatamente com o que vier na sua mente, sem questionar se está certo ou não, se é a melhor resposta. Simplesmente AJA.

Só continue a leitura após preencher. Isso fará toda diferença para o resultado e as mudanças que você busca.

Data de início: ___/___/___

_____

_____

PRINCÍPIO DA AJUDA Nº 15: DESENVOLVA A ARTE DE SABER OUVIR

Deus nos deu dois ouvidos e uma boca. O que será que ele quis dizer com isso?

Um dos sentimentos mais fortes que inúmeras pessoas cultivam chama-se CARÊNCIA.

Todos nós adoramos ser elogiados quando merecemos e principalmente OUVIDOS naqueles momentos quando parece que ninguém mais se importa conosco.

E nessa hora se você simplesmente parar por alguns minutos para deixar essa pessoa falar, aliviar o coração, contando suas mágoas ou até mesmo seus problemas de vida, pode ter certeza de que nunca mais ela irá esquecer esse seu gesto de solidariedade, companheirismo e amizade por você apenas ter dado os seus ouvidos para ela por poucos minutos, mas que farão toda diferença naquela situação.

Na realidade, SABER OUVIR É UMA ARTE.

Significa muitas vezes ter paciência e tolerância com o outro, e não apenas escutar quem está ao lado ou acompanhar o raciocínio de alguém.

A mágica é perceber, compreender e, principalmente, respeitar opiniões divergentes.

Nessa hora, você está AJUDANDO essa pessoa a se reposicionar, ressignificar seus conceitos e, muitas vezes, recomeçar sua vida.

Você deve estar se perguntando "mas o que esse princípio tem a ver com M.D.A.?"

A ARTE DE SABER OUVIR É IMPORTANTE PARA FORTALECER CONEXÕES E AINDA MELHORAR A RELAÇÃO COM QUEM NOS CERCA, ALÉM DE SER UMA GRANDE OPORTUNIDADE DE CRESCIMENTO PESSOAL.

Ouvir não significa apenas escutar ou simplesmente estar de corpo presente no momento em que o outro fala. Saber ouvir significa considerar e, por um momento, tentar sair de sua própria pele a fim de procurar sentir o que o outro sente e deseja comunicar.

Take action nº 15 - Tome uma atitude

Atitude
Que pessoas você poderia ajudar agora que estão precisando dos seus ouvidos?
Faça isso e comece de hoje em diante a ser mais sensível e humano com as pessoas que o cercam.

Ação
Preencha as linhas a seguir exatamente com o que vier na sua mente, sem questionar se está certo ou não, se é a melhor resposta. Simplesmente AJA.
Só continue a leitura após preencher. Isso fará toda diferença para o resultado e as mudanças que você busca.

Data de início: ___/___/___

_____

_____

PRINCÍPIO DA AJUDA Nº 16: ENCANTAMENTO

No meu Centro de Treinamentos, utilizamos esse princípio como padrão de qualidade e encantamento em nosso atendimento.

Vou detalhar exatamente o que é, e o retorno que isso traz ao longo do tempo em termos de aumento efetivo de novos clientes e, por consequência, de faturamento.

Quando alguém entra em nossa escola e solicita algum tipo de informação, produto ou serviço que não temos como atender, procedemos da seguinte forma, usando o seguinte raciocínio:

1. Se alguém veio até você é porque necessita de AJUDA para algo.

2. Se você simplesmente diz que não pode AJUDAR, ele sairá com um sentimento de frustração e com uma imagem não tão positiva do seu negócio.

3. Nessa hora, procuramos AJUDÁ-LO buscando exatamente o que ele necessita, oferecendo uma alternativa ou mesmo uma solução, mesmo que não seja com a nossa empresa.

O PRINCIPAL OBJETIVO É PROVOCAR UMA EXPERIÊNCIA POSITIVA NESSA PESSOA, MESMO ANTES DE SER NOSSA CLIENTE.

Quando você AJUDA, mesmo SEM VENDER, a mágica acontece.

Veja um dos exemplos, em que fizemos exatamente conforme descrito anteriormente:

Certa tarde, minha secretária estava na recepção da escola, fazendo algumas ligações, quando entra um senhor de nome Aparício segurando uma sacolinha.

Educadamente foi recebido por ela e, como nossa escola também possui cursos de informática, ele achou que vendíamos acessórios para computador.

Retirou da sacolinha um *mouse* quebrado e disse que precisava com certa urgência de outro, pois estava no meio de um trabalho muito importante e urgente.

Geralmente, a resposta que o Sr. Aparício iria receber na grande maioria das outras escolas que tivesse entrado seria a seguinte:

"Infelizmente não vendemos mouse, somente cursos."

Mas seguindo o PRINCÍPIO DO ENCANTAMENTO, nossa recepcionista o atendeu da seguinte forma:

"Sr. Aparício, somos uma escola de informática e não trabalhamos com acessórios de computador, mas posso AJUDÁ-LO a resolver o seu problema.

O senhor aceita uma água ou um café?

Por favor, me diga qual o modelo do *mouse*, a conexão é USB ou PS/2?"

Nesse momento, ele disse a ela que não sabia, foi quando ela olhou e disse: é USB.

"Por favor, pode se sentar que vou verificar o lugar mais próximo em que poderá encontrar esse modelo."

Enquanto ele esperava sentado, ficou observando atentamente a postura da nossa recepcionista.

MARKETING **DE AJUDA**

Como também comprávamos *mouse* para escola, ela ligou para um de nossos fornecedores, verificou o valor e disse se poderia dar o mesmo desconto que fazia para nossa escola, pois se tratava de um amigo que estava precisando.

Além disso, perguntou se ele poderia entregar na casa de nosso amigo e que a nossa escola pagaria a entrega.

A resposta foi positiva.

Nisso, seu Aparício já estava com os olhos brilhando, diante de tanta eficiência e eficácia ao mesmo tempo.

Saiu da escola sem saber como nos agradecer.

Solicitamos seu WhatsApp para confirmar depois se a entrega havia ocorrido conforme o combinado.

- **Moral da história:** duas semanas depois, o senhor Aparício aparece na escola com três dos seus netos e os matriculou para fazer nossos cursos com pacote completo de dois anos.

- **Reflexão:** naquele primeiro momento, ele não foi comprar o nosso produto, mas pôde sentir, tangibilizar emocionalmente como seria a excelência do nosso atendimento com nossos alunos e a qualidade dos nossos cursos.

Take action nº 16 - Tome uma atitude

Atitude

Descreva Quando, Como e O Quê você pode fazer para o seu cliente tangibilizar seu produto antes da venda.

Dê a oportunidade de o seu cliente sentir a qualidade do seu produto e a excelência do atendimento da sua empresa, mesmo antes da compra, por meio do ENCANTAMENTO.

Ação

Preencha as linhas abaixo exatamente com o que vier na sua mente, sem questionar se está certo ou não, se é a melhor resposta. Simplesmente AJA.

Só continue a leitura após preencher. Isso fará toda diferença para o resultado e as mudanças que você busca.

Data de início: ___/___/___

_____
_____

PRINCÍPIO DA AJUDA Nº 17: AJUDA SAGRADA

Você sabe qual o livro mais lido do mundo?

Se você disse a Bíblia Sagrada, acertou.

É o livro mais lido e vendido em todo o mundo e o mais impressionante é que cada país possui uma Sociedade Bíblica que garante que a tradução seja realizada com a verossimilhança necessária.

Para se ter uma ideia, a Bíblia Sagrada ocupou o primeiro lugar desse *ranking* há cerca de 50 anos, e desde então permanece como o livro mais lido de todos os tempos.

Foram espalhadas cerca de 3,9 bilhões de cópias pelo mundo, sendo traduzida em mais de 3 mil idiomas e dialetos. Para quem não sabe, a Bíblia é uma coleção de textos religiosos com valor sagrado para os Cristãos.

Qual a relação da Bíblia Sagrada com o M.D.A.?

Para quem conhece um pouco sobre seu conteúdo, sabe a importância da AJUDA nos versículos e nas citações bíblicas.

Nesse momento, você pode estar pensando: como eu posso ajudar o próximo? Há inúmeras formas de ajudar, sem necessariamente usar dinheiro ou objetos, por exemplo, há muitas pessoas que têm dinheiro, mas não têm amor, não têm pessoas que as escutem e que se importem com elas.

VOCÊ PODE AJUDAR PESSOAS DIZENDO PALAVRAS DE ENCORAJAMENTO, DANDO UM ABRAÇO, MOSTRANDO QUE ELAS SÃO IMPORTANTES.

Veja o exemplo de algumas citações:

"Deem e será dado a vocês: uma boa medida, calcada, sacudida e transbordante será dada a vocês. Pois à medida que usarem, também será usada para medir vocês." **(Lucas 6:38)**

"Pois eu tive fome, e vocês me deram de comer; tive sede, e vocês me deram de beber; fui estrangeiro, e vocês me acolheram; necessitei de roupas, e vocês me vestiram; estive enfermo, e vocês cuidaram de mim; estive preso, e vocês me visitaram. Então os justos lhe responderão: Senhor, quando te vimos com fome e te demos de comer, ou com sede e te demos de beber? Quando te vimos como estrangeiro e te acolhemos, ou necessitado de roupas e te vestimos? Quando te vimos enfermo ou preso e fomos te visitar? O Rei responderá: Digo a verdade: O que vocês fizeram a algum dos meus menores irmãos, a mim o fizeram." **(Mateus 25:35-40)**

"O que devemos fazer então? – perguntavam as multidões. João respondia: Quem tem duas túnicas, dê uma a quem não tem nenhuma; e quem tem comida, faça o mesmo." **(Lucas 3:10-11)**

"Levem os fardos pesados uns dos outros e, assim, cumpram a lei de Cristo." **(Gálatas 6:2)**

"Cada um cuide, não somente dos seus interesses, mas também dos interesses dos outros." **(Filipenses 2:4)**

*"Em tudo o que fiz, mostrei a vocês que mediante trabalho árduo devemos ajudar os fracos, lembrando as palavras do próprio Senhor

MARKETING **DE AJUDA**

Jesus, que disse: há maior felicidade em dar do que em receber. Tendo dito isso, ajoelhou-se com todos eles e orou. Todos choraram muito e, abraçando-o, o beijavam. O que mais os entristeceu foi a declaração de que nunca mais veriam a sua face. Então o acompanharam até o navio." **(Atos dos Apóstolos 20:35-38)**

O mais interessante em tudo isso é o personagem central, o protagonista de nome Jesus Cristo, que viveu 33 anos na Terra, sendo 30 deles no anonimato e somente 3 anos cumprindo sua missão, dividindo a história do mundo em Antes e Depois Dele.

Quero deixar claro que não estamos falando de religião, mas sim do comportamento de um homem que mudou a história da humanidade, focando suas ações em AJUDAR O PRÓXIMO.

Se AJUDAR nos faz sentir tão bem e já foi comprovado que até sua própria saúde melhora.

O QUE VOCÊ FAZ PARA AJUDAR O SEU PRÓXIMO, OS SEUS FAMILIARES, CLIENTES, AMIGOS, PESSOAS QUE AMA?

Take action nº 17 - TOME UM ATITUDE

Atitude

Quais são as pessoas do seu trabalho, da sua família e dos seus amigos que você pode AJUDAR com uma PALAVRA AMIGA?

Há quanto tempo você não faz isso?

Escreva pelo menos três nomes daquelas que você vai começar a AJUDAR, dando-lhes orientações para que possam se sentir amparadas.

Ação

Preencha as linhas abaixo exatamente com o que vier na sua mente, sem questionar se está certo ou não, se é a melhor resposta. Simplesmente AJA.

Só continue a leitura após preencher. Isso fará toda diferença para o resultado e as mudanças que você busca.

Data de início: ___/___/___

_____
_____

PRINCÍPIO DA AJUDA Nº 18: AJUDA SOCIAL

Você já reparou que em toda cidade, na época de campanha eleitoral, os candidatos saem às ruas prometendo centenas de melhorias para todas as áreas e setores do município?

Pois bem, o que um político esquece é que quem deseja AJUDAR VERDADEIRAMENTE os munícipes da sua cidade não precisa ser apenas por meio de um cargo público ou para angariar votos.

VOCÊ PODE E DEVE AJUDAR AS PESSOAS DA SUA CIDADE COM AQUILO QUE VOCÊ TEM DE MELHOR: SEU CONHECIMENTO, SUAS HABILIDADES E SUA FORÇA DE VONTADE.

Nesse momento você deve estar se perguntando: o que eu ganho com isso?

Durante uma época, eu fui vice-presidente da instituição de deficientes físicos ADB na minha cidade. Foi um trabalho voluntário maravilhoso em que aprendi a valorizar ainda mais a minha vida.

Quando você ajuda de forma honesta e verdadeira, o universo conspira a seu favor em todos os sentidos.

Se você tivesse que formar uma equipe de trabalho, na hora de escolher os integrantes, o que teria mais peso: alguém que já está acostumado a ajudar outras pessoas ou alguém que nunca moveu uma palha para nada?

Note que na sua cidade provavelmente há centenas de pessoas, dependendo até milhares, precisando de algum tipo de ajuda, seja numa escola da rede pública, em um asilo, creches, comunidades de jovens carentes...

A importância da AJUDA SOCIAL é tamanha que BILL GATES, o empresário que figurou por anos entre os homens mais ricos mundo, deu uma nova guinada em sua vida por meio do voluntariado.

Distante do comando da Microsoft desde 2006, Gates atualmente se dedica e investe boa parte de sua fortuna em uma série de iniciativas assistenciais pelo mundo.

Para financiar a organização, ele vendeu boa parte de suas ações na Microsoft - hoje é dono de apenas 1% da empresa - e investiu em uma série de ativos e ações. Ele faz parte de um movimento de bilionários americanos que acreditam na filantropia para repassar sua riqueza ao mundo - uma visão que também é compartilhada por nomes como Warren Buffett e Mark Zuckerberg, entre outros.

Quanto mais você AJUDAR as pessoas que vivem próximas de você, no contexto geral todos sairão ganhando, além de você aumentar sua produção de Oxitocina, como citado no décimo segundo princípio da ajuda.

Take action nº 18 - Tome uma atitude

Atitude
Descreva pelo menos um segmento da população da sua cidade para o qual você irá iniciar a sua AJUDA.

Ação
Preencha as linhas a seguir exatamente com o que vier na sua mente, sem questionar se está certo ou não, se é a melhor resposta. Simplesmente AJA.

MARKETING **DE AJUDA**

Só continue a leitura após preencher. Isso fará toda diferença para o resultado e as mudanças que você busca.

Data de início: ___/___/___

_____
_____

PRINCÍPIO DA AJUDA Nº 19: AJUDA DIGITAL

Hoje em dia, uma das principais estratégias para ganhar audiência na Internet, se tornar conhecido e atrair seguidores, é criar conteúdos úteis (*inbound marketing*) sobre um tema que interessa para o seu público, geralmente relacionado ao seu produto, pois requer conhecimento mais aprofundado para que possa agregar valor na hora da entrega.

Uma das formas é criando um BLOG. Um formato extremante interessante de você AJUDAR DE FORMA GRATUITA a sua audiência (quem se interessa pelo seu tema) e com isso esses seguidores passam a confiar em você cada vez mais, pois se os conteúdos começarem a surtir efeito positivo em suas vidas, quando você fizer uma oferta de algo com um valor a ser investido, já foi gerado, além da confiança, o gatilho mental da RECIPROCIDADE.

SEU PÚBLICO IRÁ PENSAR DA SEGUINTE FORMA: "SE DE GRAÇA ELE JÁ VEM ME AJUDANDO TANTO, IMAGINA ATRAVÉS DOS SEUS PRODUTOS E SERVIÇOS PAGOS."

Um bom exemplo é de uma ACADEMIA DE GINÁSTICA.

Imagine um *personal trainer* dessa academia dando dicas por meio de um *blog* e que essas orientações tenham melhorado a saúde física e mental de uma pessoa.

Se ela resolver fazer ginástica, você acha que irá escolher qual academia e *personal*?

MARKETING DE AJUDA

É muito provável que escolha aquela quem já a ajudou de graça, pois, em sua mente, chegou a hora dela agir com reciprocidade.

Take action nº 19 - Tome uma atitude

Atitude

Crie um *blog* sobre seu produto, elabore um nome relacionado com o tipo de AJUDA que irá realizar.

Você encontra tutoriais no YouTube para criação de um *blog* no Blogger ou no Wordpress, por exemplo. Além disso, você também poderá aprender na nossa comunidade do Facebook ou no curso *on-line* marketingdeajuda.com

Descreva pelo menos os três primeiros temas que irá abordar.

Ação

Preencha as linhas abaixo exatamente com o que vier na sua mente, sem questionar se está certo ou não, se é a melhor resposta, simplesmente AJA.

Só continue a leitura após preencher. Isso fará toda diferença para o resultado e as mudanças que você busca.

Data de início: ___/___/___

_____

_____

PRINCÍPIO DA AJUDA Nº 20: SINERGIA EMPRESARIAL

Um bom exemplo de sinergia empresarial é a *joint venture*. *joint venture* é um termo econômico muito utilizado para designar a cooperação econômica ou estrutural entre duas ou mais empresas.

Um exemplo de *joint venture* bastante conhecido no Brasil foi a Autolatina — uma cooperação econômica entre a Volkswagen e a Ford entre 1987 e 1996.

Usei esse exemplo da sinergia entre as empresas apenas para ilustrar, mas, no nosso caso, irei detalhar passo a passo como é possível e de uma forma simples, sem vínculos contratuais, por meio da AJUDA MÚTUA entre duas ou mais empresas, alavancar suas vendas e ainda ajudar todos os envolvidos no processo.

Vou usar como exemplo minha própria escola de Cursos Profissionalizantes.

Vamos ao passo a passo:

1. Escolha uma empresa para dar início à estratégia. Será sua primeira parceira. Essa empresa pode ser de qualquer ramo de atividade, desde que não conflita com o seu negócio. No meu caso, escolhi uma loja de Artigos Diversos onde se acham desde artigos para papelaria, elétrica, plásticos, ventiladores, a uma loja que vende gêneros de primeira necessidade. Feito isso, vamos ao segundo passo.

MARKETING DE AJUDA

2. Escolha algo na sua empresa que pode ser oferecido para os clientes dessa parceira. No nosso caso, oferecemos um curso gratuito de uma hora (como se fosse uma degustação de nossos serviços). Para quem não tem algo para dar gratuitamente, ofereça um CUPOM DE DESCONTO, SUPERATRATIVO de algo que você tenha.

3. Como a estratégia irá se desenrolar? Deixe com os vendedores ou a pessoa que fica no caixa da empresa parceira seus CUPONS DE DESCONTO, onde o funcionário irá entregar para cada cliente que passar por ali, dizendo que a Loja "XYZ" fez uma parceria com a sua empresa e que, apresentando aquele cupom de desconto até o dia tal (gere uma escassez), terá o devido benefício.

Como são os ganhos nesse processo:

A EMPRESA AUMENTARÁ O VOLUME DE VENDAS, POIS TERÁ NOVOS CLIENTES ORIUNDOS DA EMPRESA PARCEIRA QUE ESTÁ DISTRIBUINDO SEUS CUPONS DE DESCONTO.

Isso não aconteceria se não fosse esse sistema de AJUDA ou SINERGIA EMPRESARIAL.

O funcionário da empresa parceira que está distribuindo o cupom de desconto da sua empresa para os clientes dele ganhará no final do mês um bônus extra no seu salário, de acordo com o volume de clientes que utilizaram o cupom.

Esse é um incentivo para o funcionário distribuir para o maior número possível de clientes.

É fato que uma pessoa só se sente estimulada a fazer algo, se ganhar alguma coisa em troca.

As duas empresas saem ganhando nesse processo, pois a empresa parceira poderá também criar seus cupons de desconto para serem distribuídos pela sua empresa.

O mais interessante disso tudo é que você pode ter inúmeras parcerias nesse formato, com diversas empresas, simultaneamente.

Esse processo de AJUDA entre as empresas acaba fazendo com que o volume de vendas de cada uma delas cresça de forma escalável, pois de tempo em tempo você pode ir aumentando suas parcerias.

Conquiste, de forma rápida e barata, novos clientes por meio da SINERGIA EMPRESARIAL.

O que você teria que investir em ações de marketing, tanto presencial quanto digital, você investe nos seus próprios clientes, oferecendo descontos e outros benefícios.

Detalhe importante: se você não tem empresa, mas trabalha em uma, mostre para o seu chefe o quanto esse princípio poderá ajudar a todos.

O mercado de afiliados na Internet é outro grande exemplo, onde pessoas indicam um produto e ganham comissões a cada venda gerada. Falamos sobre os benefícios de usar indicações na Etapa 6 do M.D.A., no processo de multiplicação.

Você pode se tornar um afiliado de sucesso trabalhando conosco no Marketing de Ajuda. Para saber mais detalhes sobre as comissões e benefícios, acesse a página marketingdeajuda.com/afiliados

Take action nº 20 - Tome uma atitude

Atitude
Descreva pelo menos três empresas com as quais você irá criar a SINERGIA EMPRESARIAL.

MARKETING **DE AJUDA**

Defina também o que irá oferecer de benefício para os clientes dessas empresas, para os funcionários e para os proprietários.

Ação

Preencha as linhas abaixo exatamente com o que vier na sua mente, sem questionar se está certo ou não, se é a melhor resposta. Simplesmente AJA.

Só continue a leitura após preencher. Isso fará toda diferença para o resultado e as mudanças que você busca.

Data de início: ___/___/___

_____

_____

PRINCÍPIO DA AJUDA Nº 21: AJUDA PESSOAL

"ANTES DE CUIDAR BEM DE ALGUMA COISA OU DE ALGUÉM, TENHO, EM PRIMEIRO LUGAR, QUE CUIDAR BEM DE MIM MESMO."

Essa bela afirmação será seu ponto de partida desse princípio. Foi extraída do livro "UM MINUTO PARA MIM", do Dr. Spencer Johnson.

Spencer Johnson leva o leitor a uma emocionante viagem de autodescoberta, mostrando como aproveitar a própria companhia e ao mesmo tempo ajudar os outros.

Ele ensina como dar ouvidos à sabedoria interior de cada um, provando a importância de cuidarmos de nós mesmos para melhor podermos conviver com os outros.

O autor nos fala de algo que nós ainda não nos acostumamos a reconhecer, ou mesmo a nos tornarmos íntimos, que é o nosso Eu Interior.

Mostra-nos que é possível ver a grandeza de podermos nos conectar com esse poder que temos aqui bem dentro de nosso íntimo, e que é, sem sombra de dúvidas, o nosso maior aliado, o nosso maior conselheiro.

Se nos dispusermos a parar por um minuto, isso mesmo, um minuto do relógio, várias vezes ou quantas nos lembremos ao dia, acionaremos essa sintonia com nosso interior. E se tivermos alguma dúvida, se estivermos sentindo medo, que é um sentimento altamente bloqueador de nossas ações, e nos perguntarmos: "Há neste exato momento uma maneira melhor de eu cuidar de mim mesmo?", pois nesse momento haverá uma ligação direta com o nosso Eu Interior, silencioso, amoroso, absolutamente nosso, e, de alguma forma, talvez uma intuição, um pensamento, uma leitura, algum sinal nos vai ser dado e isso sem que ninguém seja convocado.

O nosso Eu Interior é a ligação mais íntima com a Sabedoria de que dispomos.

A grande lição que tiramos, quando aprendemos a cuidar primeiro de nós mesmos, é que uma das melhores maneiras de AJUDAR OUTRAS PESSOAS consiste em estimulá-las a cuidarem melhor de si mesmas também.

Antes de finalizar esse Princípio da AUTOAJUDA, quero alertá-lo também da importância de você se exercitar, cuidar do seu corpo e da sua alimentação.

Dificilmente você conseguirá AJUDAR OUTRAS PESSOAS se não estiver bem com você mesmo.

Take action nº 21 - Tome uma atitude

Atitude
Reserve agora esse minuto e descreva o que pode melhorar em você a partir de agora.

Faça a seguinte pergunta: o que mais o está incomodando? E questione seu Eu Interior que, com toda certeza, irá guiá-lo para as respostas.

O primeiro grande passo para a mudança é a tomada de consciência do problema e da busca incansável pela solução.

Se você não faz essa pergunta para si, talvez passe muito mais tempo sofrendo sem ter uma resposta que o mova para novos resultados.

Ação

Preencha as linhas abaixo exatamente com o que vier na sua mente, sem questionar se está certo ou não, se é a melhor resposta. Simplesmente AJA.

Só continue a leitura após preencher. Isso fará toda diferença para o resultado e as mudanças que você busca.

Data de início: ___/___/___

_____
_____

CONCLUSÃO FUNCIONAL

Note que começamos este livro com as regras indispensáveis para a leitura. Espero que as tenha seguido. Agora que estamos finalizando, para que possamos ajudá-lo verdadeiramente, pois esse é o nosso propósito e missão com o *Marketing* de Ajuda, gostaríamos que colocasse em prática as orientações abaixo.

Mas antes responda a essas perguntas:

- Você conhece alguém que começou fazer ginástica e parou?
- Alguém que começou um regime alimentar e parou?
- Alguém que começou um curso e também parou?
- Começou a ler um livro e não terminou?

Uma boa parte do fracasso ou insucesso das pessoas está relacionada literalmente a esse fato: começar algo e não terminar.

A grande maioria é ótima em iniciativa, começa uma infinidade de coisas, mas não finaliza.

O maior problema de tudo isso é que você implanta uma âncora em sua mente, altamente negativa: "as coisas não funcionam para mim!".

Aí eu lhe pergunto: será mesmo que as coisas são tão ruins assim ou está faltando em você um propósito real para atingir seus resultados?

Tem uma frase que gosto muito:

MARKETING **DE AJUDA**

NESSA VIDA, É PREFERÍVEL PAGAR O PREÇO DA DISCIPLINA HOJE DO QUE O PREÇO DO ARREPENDIMENTO AMANHÃ.

Vou até um pouco mais longe com um outro pensamento:

CAVE O POÇO ANTES DE TER SEDE!

Isso significa que, antes de colher os frutos do seu trabalho, você precisa de disciplina e propósito para concluí-lo.

Portanto, se durante a leitura deste livro você foi respondendo e criando o seu Plano de Negócios, por meio do mapa do *Marketing de Ajuda* e dos 21 princípios da ajuda, agora estará pronto para a pós-leitura funcional.

O que vem a ser esse conceito?

Pelo raciocínio lógico, se você investiu dinheiro e também o seu tão precioso tempo na leitura e estudo deste livro, nada mais justo e coerente do que tirar proveito real dessa situação, ou seja, fazer com que ela de fato funcione para você.

No livro *"Poder sem limites"*, do Anthony Robbins, tem uma frase que diz: "AÇÃO CURA MEDO".

Então vamos à ação!

Agora, seguem os seus próximos passos:

Passo 1

Você deve ter observado que a cada *take action* havia uma "data de início" para ser preenchida. Qual o objetivo disso?

Para que você possa ter em mente o seguinte conceito de escalabilidade para atingir sua liberdade financeira: cada atividade que iniciar, não pare, dê continuidade e coloque em sua rotina de vida para sempre, pois o M.D.A. não é uma ação para ser executada ou exercida de forma esporádica, mas, sim, de forma contínua.

Esse será seu mantra para atingir tudo o que deseja de forma rápida e assertiva, pois o tempo é o bem mais precioso que temos.

Quando você perceber, já terá implementado o mapa completo do M.D.A. e, com isso, seus resultados começarão a evoluir de forma contínua.

Portanto, após preencher as respostas solicitadas no livro, comece colocá-las em prática imediatamente e não pare mais. Se precisar de ajuda, conte com a gente na Comunidade M.D.A.

Passo 2

Vá direto para nossa comunidade no Facebook e nos conte qual foi sua primeira conquista positiva que alcançou com uma das ações do M.D.A., essa troca de experiências positivas irá nos motivar durante toda a caminhada. Acesse: **marketingdeajuda.com/comunidade**

Passo 3

Se você deseja aumentar seu faturamento por meio de vendas na Internet e quer se aprofundar em *marketing* digital, tráfego pago e orgânico, *copywriting*, funis de venda e tudo aquilo que você precisa dominar, acesse o M.E.D. (Método do Empreendedor Digital). Nele, você aprenderá de uma vez por todas, de forma simples e fácil, a dominar o mundo digital para vender todos os dias.

Para saber como ter acesso especial a esse treinamento, acesse: **marketingdeajuda.com/med**

MARKETING **DE AJUDA**

Passo 4

Se você já tem um negócio local e quer aumentar as suas vendas, conheça as estratégias inovadoras e específicas para micro e pequenas empresas. Faça parte da Universidade da Microempresa – U.M.E. – para saber como ter acesso especial a este treinamento também. Acesse: **marketingdeajuda.com/ume**

Você irá aprender mais de 50 estratégias, todas em videoaulas de 10 minutos em média, para que possa captar novos clientes, fidelizar os clientes que você já tem e, melhor de tudo, escalar as suas vendas.

Passo 5

Por que dessa vez vão dar certo os resultados em sua vida?

Tudo o que você aprendeu neste livro, na verdade, vai começar na prática a partir de AGORA!

Estaremos juntos com você, guiando e orientando para que alcance o seu próximo nível, e o próximo, e próximo, até estarmos comemorando juntos lá na nossa comunidade: **marketingdeajuda.com/comunidade**

Quero finalizar lhe deixando uma última história que ouvi há mais de 30 anos pelo Prof. Luiz Marins, mas que foi muito importante para minha mudança de vida.

A PARÁBOLA DA CAVERNA

Havia uma tribo que morava há milhares de anos nas profundezas de uma grande caverna, eles só conheciam a escuridão e a umidade, não havia outra perspectiva.

Até que um dia um grupo de jovens, inconformados com aquela vida, resolveu viajar pelo interior da caverna.

Depois de uma semana de viagem, passando por lugares estreitos, rios profundos, desfiladeiros, brigando com animais selvagens, passando por várias adversidades, esse grupo encontrou um ponto luminoso, eles haviam descoberto uma saída da caverna.

Quando os jovens chegaram lá, ficaram entusiasmados e boquiabertos ao verem coisas que eles nunca haviam ouvido falar: o sol, o calor, os pássaros, as flores, as folhas, o verde, os animais. Com tantas novidades, resolveram voltar e contar para os demais habitantes da caverna.

Outra semana de viagem passando pelos mesmos percalços, até que chegaram onde estavam todas as pessoas, os velhos, as mulheres e crianças. Reuniram todos e começaram contar a sua aventura. Descreveram com entusiasmo tudo o que eles haviam visto. Um falava do calor, outro falava do sol, dos pássaros, outros das flores, outro da luz, enfim, quando terminaram o relato, os mais velhos falaram: coitados, enlouqueceram, isso tudo não existe.

"O que existe é isso que nós vivemos aqui, apenas isso e nada mais: a escuridão, a umidade e a ausência de perspectiva, nunca ouvimos falar de nada disso. Eles estão tendo alucinações, eles ficaram loucos."

E nessa tribo, a pena para quem ficava louco era a pena de morte. Sendo assim, mataram todos os jovens.

A moral da história é a seguinte:

Apesar de os jovens não existirem mais, as maravilhas que eles viram existiam de verdade e continuarão a existir.

Ou seja, não é porque algumas pessoas não acreditam e não têm coragem de enfrentar os desafios que as maravilhas deixam de existir. Elas existem e estão disponíveis para todos, mas é preciso querer e ter coragem para chegar até elas.

Quem deixou de conhecer essas maravilhas foram aqueles que estavam acomodados, quietos e parados no fundo da caverna. Eles continuaram na escuridão, na umidade e na ausência de perspectiva.

Eles perderam a chance de mudar de vida porque não acreditaram e não tiveram a coragem de passar pelos desafios.

Além disso, achavam que a única realidade existente era aquela que conheciam, e que qualquer pessoa que falasse algo diferente, era louco.

Portanto o primeiro passo é você acreditar que é possível mudar e que a vida que você tanto deseja existe e você está prestes a encontrá-la.

Há um caminho para seguir, porém, é preciso se levantar e buscar essa luz, mesmo que as vezes apareçam desafios no trajeto. Outras pessoas podem duvidar de você, talvez debochem, até o chamem de louco, mas quando você sabe aonde quer chegar, esses desafios serão meros contratempos, nada o impedirá.

Agora, quero agradecer você que chegou até aqui neste livro e lhe dizer o seguinte:

Existe uma outra vida o esperando, uma vida com entusiasmo, prosperidade e grandes conquistas. Não importa a "caverna" que você ache que está no momento, há como sair e o conhecimento será a luz que vai guiá-lo.

LEMBRE-SE: O DINHEIRO QUE VOCÊ AINDA NÃO TEM É PELO CONHECIMENTO QUE VOCÊ AINDA NÃO ADQUIRIU.

Mas, em primeiro lugar, é preciso desejar a mudança e agir na direção do seu objetivo! Conte conosco nesse processo!

E nunca se esqueça:

"SEU SUCESSO É PROPORCIONAL AO NÚMERO DE PESSOAS QUE VOCÊ AJUDA." (ZIG ZIGLAR)

GRATIDÃO!

William Paganelli e Elias Fernando

LINKS ÚTEIS

Ao adquirir o livro, você ganhou 20% de desconto no curso *on-line* do *Marketing* de Ajuda!
Para usar seu benefício, acesse o *site* e fale com a nossa equipe:

marketingdeajuda.com

* No curso, você terá a explicação em vídeo de cada etapa do livro, além de contar com o nosso suporte para a aplicação.

Ferramenta usada para gerar *leads* gratuitamente por meio de indicações virais: marketingdeajuda.com/form7

Acesso às ferramentas úteis para aplicação das estratégias:
marketingdeajuda.com/ferramentas

Acesso à Comunidade M.D.A. no Facebook:
marketingdeajuda.com/comunidade

Acesso especial ao Método do Empreendedor Digital (M.E.D.) e à Universidade da Microempresa (U.M.E.):
marketingdeajuda.com/med
marketingdeajuda.com/ume

Acesso especial ao treinamento de Empregabilidade 50X:
marketingdeajuda.com/emprego

MARKETING **DE AJUDA**

Acesso especial ao treinamento de Persuasão em Vendas com Gatilhos Mentais: marketingdeajuda.com/gatilhos

Acesso aos demais bônus especiais para quem comprou o livro: marketingdeajuda.com/bonus

Acesso à página de parceiros e afiliados do M.D.A.: marketingdeajuda.com/afiliados

* Em caso de dúvida, basta falar com a nossa equipe pelo *site*.

BIBLIOGRAFIA

ALVES, Eric Barbosa; SOUZA, Bianca Ribeiro Magalhães de. *Eu amo te amar:* um ensaio sobre a relação afetiva entre homens e marcas. Monografia (Graduação em Comunicação Social, Publicidade e Propaganda). Rio de Janeiro: ECO/ UFRJ, 2006. 90 f. il. Disponível em: <https://pantheon.ufrj.br/bitstream/11422/912/1/ERibeiro.pdf>. Acesso em: 12/2021.

AS 7 MELHORES ações de marketing e vendas para investir. *StartSe,* 1 fev. 2021. Disponível em: <https://app.startse.com/artigos/as-7-melhores-acoes-de-marketing-e-vendas-para-investir>. Acesso em: 12/2021.

BENITTI, Daniel. Benefícios da ajuda para o corpo e mente humana. *O cirurgião vascular,* 2021. Disponível em: <https://www.ocirurgiaovascular.com.br/ajudar-o-proximo-faz-bem/>. Acesso em: 12/2021.

BÍBLIA SAGRADA ONLINE. Disponível em: <https://www.bibliaon.com/ajuda_ao_proximo/>. Acesso em: 12/2021.

FALCÃO, Diva. Biografia de Arnold Schwarzenegger. *eBiografia,* 17 nov. 2017. Disponível em: <https://www.ebiografia.com/arnold_schwarzenegger/>. Acesso em: 12/2021.

BUZZLEAD. *39 estatísticas que comprovam que o marketing boca a boca funciona para qualquer negócio.* Disponível em: <https://buzzlead.com.br/39-estatisticas-marketing-boca-a-boca>. Acesso em: 12/2021.

CARRIEL, Paula. Quem ajuda o próximo vive mais, diz estudo. *Gazeta do povo,* 05 out. 2021. Disponível em: <https://www.gazetadopovo.com.br/vida-e-cidadania/quem-ajuda-o-proximo-vive-mais-diz-estudo-9lppgn3romnd09p89q5dxe4i6/>. Acesso em: 12/2021.

CIALDINI, Robert B., Ph.D. *As armas da persuasão.* Como influenciar e não se deixar influenciar. Rio de Janeiro: Editora Sextante, 2012.

COLLINS, Jim; HANSEN, Morten T. *Vencedoras por opção.* Incerteza, caos e acaso. São Paulo: Editora HSM, 2012.

CORREA, Cristiane. *Sonho grande.* Rio de Janeiro: Editora Primeira Pessoa, 2013.

CURY, Augusto. *Inteligência multifocal.* São Paulo: Editora Cultrix, 2006.

CURY, Augusto. *A análise da inteligência de Cristo.* Rio de Janeiro: Editora Sextante, 2011. Coleção de 5 volumes.

FILGUEIRAS, Maria Luíza. *Na raça.* Rio de Janeiro: Editora Intrínseca, 2019.

MARKETING DE AJUDA

GIRARD, Joe; SHOOK, Robert L. *Como fechar qualquer venda*. Rio de Janeiro: Editora Record, 2004.

GOMES, Élio. *Comercial de Natal/EDEKA Weihnachtsclip*. YouTube, 1 de. 2015. Disponível em: <https://youtu.be/w4yS2aBo6wA>. Acesso em: 12/2021.

JOHNSON MD, Spencer. *Um minuto para mim*. Rio de Janeiro: Editora Record, 1987.

KOTLER, Philip. *Marketing 4.0*. Rio de Janeiro: Editora Sextante, 2017.

KOTLER, Philip. *Marketing 5.0*. Tecnologia para a humanidade. Rio de Janeiro: Editora Sextante, 2021.

LIPPERT, Dener. *Cientista do marketing digital*. Como vender para mais pessoas, mais vezes e pelo maior valor. São Paulo: Editora Gente, 2021.

MIRANDA, Everton. *A incrível história de Silvio Santos* – o rei da TV/Empreendedorismo. YouTube, 31 dez. 2019. Disponível em: <https://youtu.be/6waii5iT-uU>. Acesso em: 12/2021.

MONTEIRO, Gabriel. CEO da Tesla, Elon Musk torna-se o homem mais rico do mundo. *Quatro Rodas*, 8 jan. 2021. Disponível em: <https://quatrorodas.abril.com.br/noticias/fundador-da-tesla-elon-musk-torna-se-o-homem-mais-rico-do-mundo/>. Acesso em: 12/2021.

O GAMBITO da rainha. Scott Frank (diretor). Los Gatos (EUA): Netflix, 2020. Minissérie.

PASSO A PASSO EMPREENDEDOR. *A história de John D. Rockefeller* – o homem mais rico da história moderna. YouTube, 9 ago. 2019. Disponível em: <https://youtu.be/wkxAYXHCe2Q>. Acesso em: 12/2021.

PEASE, Allan & Barbara. *Se a vida é um jogo, aqui estão as regras*. Uma abordagem científica sobre a Lei da Atração. Rio de Janeiro: Editora Sextante, 2017.

PETRY, Jacob; BUNDCHEN, Valdir R. *Seja singular!* As incríveis vantagens de ser diferente. Barueri: Faro Editorial, 2018.

SCHWARTZ, David J. *A mágica de pensar grande*. A força mágica do pensamento construtivo. Rio de Janeiro: Editora Record, 1995.

SUPERTI, Pedro. *Ouse ser diferente*. Como a diferenciação é a chave para se reinventar nos negócios, relacionamentos e vida pessoal. São Paulo: Buzz Editora, 2020.

THE SALGADOS. *Conheça Erick Salgado, um dos maiores empreendedores do mundo*, parte 1. YouTube, 12 mar. 2019. Disponível em: <https://youtu.be/2tG8zYLn-HE>. Acesso em: 12/2021.

WEB TREINAMENTO. *Professor Marins* – A parábola da caverna – motivando para vencer. YouTube, 12 ago. 2013. Disponível em: <https://www.youtube.com/watch?v=7JG7rBiGnJw>. Acesso em: 12/2021.

PARTICIPAÇÕES ESPECIAIS E COMENTÁRIOS DE PERSONALIDADES DO CENÁRIO NACIONAL E INTERNACIONAL

Dr. Augusto Cury

Nasceu em Colina, São Paulo, no dia 2 de outubro de 1958. Formou-se em Medicina pela Faculdade de Medicina de São José do Rio Preto e concluiu seu doutorado internacional em Psicologia Multifocal pela Florida Christian University no ano de 2013 com a tese: "Programa Freemind como ferramenta global para prevenção de transtornos psíquicos". Na carreira, dedicou-se à pesquisa sobre as dinâmicas da emoção. É pós-graduado na PUC de São Paulo.

Cury é professor de pós-graduação e conferencista em congressos nacionais e internacionais. Foi conferencista no 13º Congresso Internacional sobre Intolerância e Discriminação da Universidade Brigham Young, nos Estados Unidos.

Foi considerado o autor mais lido da última década no Brasil, pela revista ISTOÉ e pelo jornal Folha de S. Paulo. Recebeu o prêmio de melhor ficção do ano de 2009 da Academia Chinesa de Literatura, pelo livro *O vendedor de sonhos*, que foi adaptado para o cinema em 2016, uma produção brasileira com direção de Jayme Monjardim.

Seus livros já foram publicados em mais de 70 países e apenas no Brasil já vendeu mais de 30 milhões de cópias.

O Dr. Augusto Cury tem grande importância no desenvolvimento desta obra, pois foi por meio dos seus ensinamentos que há muitos anos

tive a clareza para desenvolver o foco no projeto Marketing de Ajuda, se não fosse por ele, você não teria a estratégia nem este livro em suas mãos.

Carinhosamente, ele nos deixou esta mensagem para somar no livro:

Muitos querem os perfumes das flores, mas poucos sujam as suas mãos para cultivá-las.

É necessário cultivar, abrir o leque da nossa mente, criar, para que possamos cuidar das primaveras da vida.

Muitos amam as primaveras sem entender que é nos invernos que elas são secretadas, na intimidade do tecido das árvores.

Forte abraço, lute pelos seus sonhos!

Para saber mais sobre o Dr. Augusto Cury, visite seu *site* oficial: augustocury.com.br.

Luiz Almeida Marins Filho

Antropólogo, professor e consultor de empresas no Brasil e no exterior, o Prof. Marins tem 30 livros (também disponíveis na América Latina e Europa) e mais de 400 vídeos e DVDs publicados;

- Empresário de sucesso nos ramos de agronegócio, educação, comunicação e *marketing*, seus programas de televisão estão entre os líderes de audiência em sua categoria;
- Segundo a imprensa especializada e consultorias, o Prof. Marins, por sua formação, está entre os mais requisitados palestrantes do país.

O professor Marins é o autor do prefácio deste livro.

Site: https://www.anthropos.com.br

Alessandro De Oliveira Faria (Cabelo)

O Alessandro é o único brasileiro e também da América Latina que faz parte do Conselho Internacional da Intel.

Ele é sócio fundador da empresa OITI TECHNOLOGIES, pesquisador cujo primeiro contato com tecnologia foi em 1983 com 11 anos de idade.

Leva o Linux a sério, pesquisa e trabalha com biometria e visão computacional desde 1998. Possui experiência com biometria facial desde 2003, redes neurais artificiais e neurotecnologia desde 2009. Inventor da tecnologia CERTIFACE.

Já ministrou mais de 100 palestras, possui 14 artigos impressos publicados, mais de 8 milhões de acessos nos 120 artigos publicados, docente da FIA, membro oficial Mozillians, membro oficial e Embaixador OpenSUSE Linux América Latina, Chapter Leader OWASP SP, contribuidor da biblioteca OpenCV e Global Oficial OneAPI Innovator Intel, membro Notável I2AI, fundador da iniciativa Global openSUSE Linux INNOVATOR e mentor Cybersecuritygirls BR.

Depoimento:

O William é muito especial, pois foi uma das poucas pessoas que enxergou, apoiou e reconheceu o meu talento no início da década de 1990. Pois na época eu não tinha nada para oferecer e ninguém acreditava no meu trabalho.

Nos momentos de indecisão, quando estava desistindo de todas as minhas metas, o William me apoiou para não desistir e manter o foco. Sempre mencionou que trabalho sério e constante proporciona frutos no futuro.

Tenho orgulho de mencionar que o meu primeiro sistema em Clipper com interface gráfica e mouse foi desenvolvido para a escola William Informática no início dos anos 1990. Também vale a pena ressaltar que, nos momentos mais difíceis, ele me disponibilizou a oportunidade de ministrar aula de Clipper na escola (ainda no fundo da sua casa). Mais um exemplo de apoio no início da minha carreira, quando me deparava com muitas dificuldades.

O William foi um dos grandes responsáveis pela propagação da tecnologia de informação na cidade de Bebedouro. Um momento muito especial foi quando prestava consultoria na sua escola e acabei conhecendo a minha atual esposa, que na época era aluna e ele me apresentou, dessa forma, até na minha vida pessoal ele colaborou positivamente.

O William, além de amigo, é um profissional de altíssimo nível e com uma grande habilidade no que tange à gestão de pessoas. Meu amigo, muito obrigado por fazer parte da minha história, conte sempre comigo.

Sites:
https://sobre.assuntonerd.com.br/
https://devmesh.intel.com/users/alessandro-de-oliveira-faria

Walmir Fernandes Segatto

CEO da Sicoob Credicitrus desde 2018, Walmir é engenheiro agrônomo pela Fundação Pinhalense de Ensino – Faculdade de Agronomia e Zootecnia "Manoel Carlos Gonçalves" – Espírito Santo do Pinhal/SP, pós-graduado em Gestão de Negócios, MBA em *Marketing* e MBA Liderança, acumula 28 anos de experiência no setor bancário, com atuação pelo banco Santander em variados segmentos, desde produtos até *Backoffice* e comercial.

Depoimento:

A participação do William na capacitação MARCA (Modelo de Atendimento com Resultados de Cooperativismo Atuante) Credicitrus auxiliou no desenvolvimento e no crescimento dos colaboradores para alcançarmos no dia a dia a excelência na qualidade do atendimento em toda a nossa rede.

A capacitação ministrada por ele vem ao encontro dos nossos princípios e do nosso propósito, por isso, fez sentido na evolução do nosso trabalho.

Silvia Mara Patriani

A Silvia é considerada a maior mentora de palestrantes do Brasil.

Sob a sua orientação, vários nomes conhecidos já despontaram no mercado nacional e internacional, tais como: Geraldo Rufino, João Kleper, Tathiane Deândela, Ricardo Melo, Luis Artur Nogueira, Oseias Gomes, Jorge Loderllo, Sula Miranda, João Kleber, mais de 180 palestrantes.

A Silvia ensina como você pode se comunicar melhor, ser mais persuasivo, mais coerente, mais atrativo, seja na hora de fazer uma oferta de produto, apresentar uma ideia, ministrar uma palestra, enfim, em tudo na vida, você precisará se comunicar bem ou não atingirá seus objetivos.

A base do que ela ensina é a Inteligência Comunicacional.

"Uma comunicação inteligente vai muito além de saber onde colocar as mãos, como construir uma boa apresentação ou saber colocar bem a voz."

Pessoas que não sabem se comunicar com qualidade minam seus relacionamentos, perdem oportunidades e podem se prejudicar de maneiras, muitas vezes, irreversíveis.

Por outro lado, quem se comunica bem sempre terá as portas abertas e irá conquistar seus objetivos mais rapidamente, e isso acontece em todas as áreas da vida.

É por isso que melhorar a sua habilidade de comunicação torna-se um diferencial competitivo fundamental, principalmente num mundo em constante transformação.

Afinal comunicação é a base de todos os negócios e relacionamentos entre pessoas.

Depoimento:

Atuo no mercado nacional e internacional, mas hoje eu vim aqui para falar de uma pessoa muito especial, um profissional acima da média, o William Paganelli.

Se você é empresário, precisa conhecer o trabalho dele de vendas, oratória e comunicação. É acima da média, ele está no mercado há mais de 30 anos com muito conhecimento, é um trabalho maravilhoso e fará muita diferença na sua vida e nos seus negócios.

Para saber mais sobre o trabalho da Silvia, acesse: www.silviapatriani.com.br.

Instagram, Facebook e YouTube: Silviapatriani

Marcos Wesley

O Marcos Wesley é administrador de empresas e tecnólogo, é o fundador da ZOOM Education for Life (https://zoom.education), empresa líder no segmento de robótica educacional no Brasil.

Apesar de sua graduação em negócios, o Marcos desenvolveu sua carreira na área de educação e introduziu a robótica em mais de 8 mil escolas no Brasil, tornando-se a maior referência na área.

Ele participa com uma bela história do princípio de ajuda nº 7 em nosso livro.

Acesse os depoimentos em vídeo:
marketingdeajuda.com/depoimentos